AF410988

HISTOIRE ANCIENNE

(DEUXIÈME PARTIE)

PROGRAMME

DU

COURS D'HISTOIRE ANCIENNE

(DEUXIÈME PARTIE),

OU

HISTOIRE DU MONDE

GREC ET ORIENTAL,

DEPUIS

LA FIN DES GUERRES MÉDIQUES

JUSQU'A

LA CONQUÊTE ROMAINE.

CLASSE DE CINQUIÈME.

METZ.

IMPRIMERIE DE S. LAMORT, RUE DU PALAIS.

1845.

TABLE.

ERRATA.

Page 35, ligne 18, au mot *mérite* ajoutez *pourtant*.
Page 36, ligne 35, au lieu de *l'Asie*, lisez *l'Egypte*.

HISTOIRE ANCIENNE

(DEUXIÈME PARTIE),

OU

HISTOIRE DU MONDE

GREC ET ORIENTAL,

Depuis la fin des Guerres Médiques jusqu'à la Conquête Romaine.

—

PREMIÈRE LEÇON.

État de la Grèce et de ses colonies à la fin des guerres médiques. Athènes sous Périclès.

DEUXIÈME LEÇON.

Causes et préliminaires de la guerre du Péloponèse.

Avant même que le prétendu traité de Cimon eût terminé les guerres médiques, 449, la rivalité naturelle des divers états grecs, un moment arrêtée par le besoin de la défense commune, avait repris son cours. Elle finit par faire éclater en Grèce une guerre civile qui devait durer vingt-sept ans, 431-404 : c'est la guerre du Péloponèse.

On peut la considérer, en général, sous le triple aspect d'une lutte :

1° De la race Dorienne contre la race Ionienne ;

2° Du système aristocratique contre le système démocratique ;

3° D'Athènes contre Sparte.

Les causes particulières en sont :

1° La tyrannie d'Athènes et le mécontentement des alliés ;

2° La jalousie de Sparte qui exploite ce mécontentement ;

3° Les vues personnelles de Périclès qui, attaqué par se
ennemis, sent le besoin d'occuper, par une guerre sérieuse
l'esprit mobile des Athéniens, s'il veut conserver son autorité

La lutte entre Sparte et Athènes commence vers 460, aprè
l'exil de Cimon ; elle a lieu d'abord indirectement et sur ur
terrain neutre, dans le Péloponèse d'une part, et de l'autre er
Béotie, en Eubée, en Phocide (batailles de Tanagre et d'OE-
nophyte, 455). Cimon, rappelé de l'exil, rétablit un momen
la concorde et détourne les armes des Athéniens et de leurs
alliés sur les Perses, 450. Mais, à sa mort, 449, la lutte
devient de nouveau imminente. Athènes augmente le ressen-
timent des alliés par sa dureté envers sa colonie de Samos. Ce
fut la principale occasion de la guerre. En même temps, Athènes
intervient contre le droit public de la Grèce dans la lutte entre
Corcyre et sa métropole Corinthe, et elle essaie de reprendre
Potidée aux Corinthiens. Les peuples lésés par Athènes se
réunissent à Sparte, et après des négociations sans résultats,
se décident à la guerre, 431.

Cette guerre devait amener la ruine de la puissance d'Athènes
et mettre pour longtemps la Grèce hors d'état de lutter contre
la Perse.

Elle a pour caractère distinctif une cruauté qui fit oublier
aux Grecs tout ce qu'ils devaient, soit aux autres Grecs, soit
à leurs concitoyens et à leurs parents engagés dans le parti
contraire.

TROISIÈME LEÇON.

Guerre du Péloponèse.

*1° Depuis le commencement jusqu'à la paix de Nicias,
451-421.*

Les ressources des deux partis sont à peu près égales, mais
différentes. Athènes ayant pour elle la plupart des peuples maritimes, possède une flotte nombreuse ; elle a de plus d'immenses revenus et une armée de terre respectable. Sparte,
soutenue par les peuples du continent peut réunir des forces
de terre considérables, mais jusqu'à la fin de l'expédition de
Sicile, elle manque habituellement de vaisseaux et d'argent.

Pendant les dix premières années, 431-421, la guerre n'est

qu'une suite de combats et de ravages sans résultats décisifs, où l'on peut toutefois reconnaître un plan suivi.

Dès que l'attaque de Platée par les Thébains a donné le signal de la guerre, 431, les Péloponésiens, commandés par Archidamus, font invasion dans l'Attique ; après leur retraite, les Athéniens envoient leurs flottes reporter la dévastation dans le pays ennemi et vont en corps d'armée ravager le territoire de Mégare. Au printemps de l'année suivante, 430, les Péloponésiens reparaissent dans l'Attique et commencent, en Béotie, le siége de Platée. La peste qui dépeuple en partie Athènes et qui lui enlève Périclès pendant une troisième invasion d'Archidamus, 429, semble lui donner un moment le désavantage, et l'on peut pressentir qu'avec sa constitution altérée et sans cesse variable, elle ne pourra triompher sans un chef comme celui qu'elle vient de perdre et que ne peut remplacer Nicias, encore moins Cléon.

Pendant les trois années qui suivent la mort de Périclès, les succès sont balancés. Les Athéniens réduisent enfin Potidée, 429, et ne trouvent plus en Thrace un ennemi qui leur résiste. Si Lesbos se révolte, 428, ils en reprennent la capitale, Mitylène, 427, vainement secourue par les Spartiates ; enfin, ils parviennent à retenir Corcyre dans leur alliance. — De leur côté, les Spartiates équipent une flotte à l'aide de laquelle ils essaient de surprendre le Pirée, 429 ; ils échouent dans cette tentative, mais c'est beaucoup pour eux d'avoir compris que le seul moyen de combattre Athènes avec succès, c'est de lui enlever l'empire de la mer. Ils défendent leurs côtes attaquées, et la prise de Platée, 427, ne laisse dans la Béotie aucune ville étrangère à leur alliance.

Cependant, les Athéniens trouvant les côtes du Péloponèse désormais gardées, prennent à peu de distance des possessions lacédémoniennes, des postes d'où ils puissent les inquiéter. Démosthènes, revenant d'une expédition infructueuse en Ætolie, prend Pylos en Messénie, 426, et la fortifie. Le Spartiate Brasidas, qui l'attaque, est battu et forcé d'abandonner dans l'île de Sphactérie les meilleurs hoplites de Sparte. Sparte, pour les délivrer, livre en vain ses galères et les Athéniens appellent à Pylos les Messéniens de Naupacte. L'année suivante, 425, ils s'établissent à poste fixe dans l'île de Cythère, d'où ils infestent la Laconie. Ils s'emparent ensuite de Nisée, principal port de Mégare, 424, battent les Corinthiens et massacrent les Éginètes réfugiés à Thyrée. En même temps ils

inquiètent Sparte pour son territoire et sa domination dans
Péloponèse, en fomentant des révoltes parmi les Messénie
et les Hilotes. Ils triomphent des Béotiens à Tanagre et forme
une vaste conspiration pour s'emparer des villes de Béoti
Sparte demande la paix ; elle éprouve un refus hautain.

Mais, dès-lors, la fortune change de parti. Les Athénie
ne peuvent s'emparer des villes de Béotie et sont battus
Délium, 424. Le Spartiate Brasidas, aidé par Perdiccas II, r
de Macédoine, enlève aux Athéniens toutes leurs possessio
de Thrace, à l'exception d'Eïon. Les Athéniens consente
alors à une trève, 423. La perfidie de Brasidas et l'ambiti
de Cléon rallument bientôt la guerre, 422 ; mais tous de
périssent à la bataille d'Amphipolis, 421, et les deux par
également épuisés concluent, sous la médiation de Plistoanax
de Nicias, une trève de cinquante ans, qui remet les chos
en l'état où elles étaient avant la guerre. Cette trève, conn
sous le nom de paix de Nicias, met fin à la première pério
de la guerre du Péloponèse.

QUATRIÈME LEÇON.

2° Depuis la paix de Nicias jusqu'à la fin de l'expédition
Sicile, 421-413.

La paix de Nicias fut observée en apparence pendant pl
de six ans, mais réellement rompue dès la seconde année p
des hostilités indirectes. Les Lacédémoniens ayant violé que
ques clauses du traité, Alcibiade, qui commence à prendre
l'influence à Athènes, décide ses compatriotes à s'allier au
Argiens et à d'autres peuples du Péloponèse ligués cont
Sparte. Il parvient, malgré Nicias, à faire refuser les sati
factions qu'offraient les Spartiates, et la guerre recommence
420. L'année suivante, Alcibiade part à la tête du secou
envoyé aux confédérés. Orchomène en Arcadie est prise
Tégée assiégée ; mais la défection des Eléens et la défaite d
Argiens sous les murs de Mantinée, 418, raffermissent l'autori
de Sparte dans le Péloponèse.

Athènes essaie par diverses entreprises de relever son part
Elle attaque le roi de Macédoine Archelaüs I, s'empar
de Scione révoltée et de Mélos, l'une des Cyclades, 416. Ell
s'abandonne alors sans réserve à ses ambitieuses espérances

ublie entièrement les sages conseils de Périclès. Déjà elle s'est ccoutumée à livrer des batailles sur terre ; elle songe maintenant à de lointaines conquêtes. Depuis que Périclès a ruiné a puissance du sénat et de l'aréopage, le gouvernement est out entier entre les mains du peuple et des ambitieux qui le dirigent : Alcibiade fait décréter l'expédition de Sicile.

La Sicile était peuplée d'un grand nombre de colonies grecques divisées comme la Grèce elle-même en deux partis ennemis. A la tête des villes doriennes, on remarquait Agrigente et surtout Syracuse. La puissance de Syracuse était elle qu'au moment où elle chassa son tyran Thrasybule, 466, elle détruisit de même la tyrannie dans toutes les villes grecques de Sicile. Depuis, elle avait triomphé des Sicules soulevés par Deucétius, 451, soumis Agrigente elle-même, 446, enlevé aux Etrusques leur prépondérance maritime et accablé les villes ioniennes. Celles-ci demandèrent du secours à Athènes, leur protectrice naturelle, Léontium en 427, Egeste en 419. Les Athéniens, qui n'avaient pu secourir efficacement les Léontins, accédèrent avec empressement à la demande des Egestains et envoyèrent contre Syracuse la flotte la plus considérable qu'ils eussent encore armée, 415.

L'expédition commence heureusement malgré les avis divers des trois généraux, Alcibiade, Nicias et Lamachus. Les deux derniers finissent par adopter le plan d'Alcibiade, qui ne veut attaquer Syracuse qu'après avoir soumis le reste de la Sicile. Déjà Catane et Naxos sont prises, quand Alcibiade est rappelé à Athènes par une accusation de sacrilége. Nicias, à qui revient le commandement en chef, perd un temps précieux avant d'attaquer Syracuse, et quand il en a enfin commencé le siége, il y laisse pénétrer par terre le Spartiate Gylippe, par mer vingt galères corinthiennes, 414. Bientôt, de nouveaux renforts arrivant, ce sont les Athéniens qui se trouvent assiégés dans leur camp. Malgré les secours que leur amène Démosthènes, ils sont vaincus dans plusieurs combats par Gylippe et le Syracusain Hermocrate, privés de leur flotte et forcés de lever le siége. La superstition de Nicias empêche de commencer à temps la retraite ; Démosthènes est battu dans un défilé, Nicias sur les bords de l'Asinarus. La plupart de leurs soldats sont pris avec eux et conduits à Syracuse, où ils sont traités avec la dernière cruauté, 413.

CINQUIÈME LEÇON.

3° Depuis le désastre de Sicile jusqu'à la fin de la guerre
Péloponèse, 413-404. — Puissance de Sparte en 401.

Après le désastre de Sicile, les ennemis d'Athènes
doublent d'activité ; Sparte se procure des vaisseaux et s'a
aux satrapes de l'Asie-Mineure pour accabler la ville qu
chassé les Perses de la Grèce. Pendant que le roi Agis fort
Décélie en Attique, d'après les conseils d'Alcibiade, celui-ci
la tête des confédérés, attaque les colonies d'Asie-Mineure,
condé par les Perses, auxquels on promet d'abandonner
Grecs d'Asie.

De leur côté les Athéniens avaient courageusement mis
œuvre leurs dernières ressources, et leur flotte, postée d
la mer Égée, contrariait les mouvements de leurs ennemis
contenait dans l'obéissance une partie de leurs sujets. Tout-à-co
Alcibiade parle de se réconcilier avec Athènes. Il déta
d'abord le satrape Tissapherne de l'alliance de Sparte ; pui
gagne l'armée de Samos, qui, pour le venger, fait aboli
Athènes le gouvernement démocratique. Quelques ambitieu
profitant des circonstances, y substituent l'oligarchie
Quatre cents ; mais ils sont bientôt renversés et le pouvoir
remis à une assemblée de cinq mille citoyens qui rappe
Alcibiade, 411.

Déjà il était à la tête de l'armée de Samos. Il commer
par remporter deux victoires navales, à la hauteur d'Abyd
et de Cyzique, sur Mindare et le Syracusain Hermocrate, 41
il bat sur terre le satrape Pharnabaze, fait rentrer sous
domination d'Athènes tous les pays riverains de l'Hellesper
et après avoir réduit Sparte à implorer la paix, il ren
triomphant dans sa patrie, 401. Il renouvelle l'usage de
procession d'Eleusis, malgré les Spartiates postés à Décélie,
vole ensuite à de nouveaux exploits. Malheureusement l
Athéniens lui imputent une défaite éprouvée en son absen
par son lieutenant Antiochus, à la hauteur d'Ephèse ; ils
disgracient de nouveau et le remplacent par dix généraux
au nombre desquels est Conon.

Callicratidas, mis à la tête des flottes de Sparte, bat Con
près de Mitylène et le bloque dans le port de cette ville ; ma
son impéritie le prive des secours de la Perse : il est vaincu

tué près des îles Arginuses, 406. Les Spartiates rendent alors
le commandement à Lysandre, le vainqueur d'Antiochus.
Celui-ci détruit la flotte athénienne à Ægos-Potamos, 405,
soumet en courant les colonies d'Athènes et vient contribuer
au siège de cette ville qui est prise en 404.

Telle fut la fin de la guerre du Péloponèse. Cette guerre
n'avait d'autre résultat que de transporter le commandement
de la Grèce des Athéniens aux Spartiates. Ceux-ci en abusèrent
bientôt. Déjà Lysandre avait établi dans toutes les villes sou-
mises par lui dix Archontes choisis parmi ses partisans et des
Harmosts lacédémoniens; il donna aux Athéniens trente Archontes qui furent appelés les trente tyrans. Mais les Spartiates
s'effrayèrent de voir un seul homme prendre tant d'influence;
ils le rappelèrent, firent exiler ses créatures, rendirent le
gouvernement démocratique à toutes les villes et favorisèrent
en particulier l'entreprise de Thrasybule qui rétablit dans
Athènes les lois de Solon, 402.

Ces mesures, prises contre l'ambition de Lysandre, n'em-
pêchaient pas Sparte d'exercer sur la Grèce un empire tyran-
nique. Les Eléens, 403, les Messéniens de Naupacte et de
Céphallénie, 401, furent traités avec la dernière rigueur; tous
les états de la Grèce, excepté Corinthe, Thèbes, Argos et
l'Ætolie reconnurent la suprématie de Sparte. Les villes d'Asie
payèrent un tribut de mille talents. Ainsi, Sparte avait succédé
à la puissance d'Athènes; elle succéda bientôt à ses projets
contre la Perse, et ses succès semblaient d'autant mieux assurés
qu'elle réunissait les ressources partagées jusqu'alors entre elle
et sa rivale.

SIXIÈME LEÇON.

Histoire intérieure de la Perse,

*Depuis la fin des guerres médiques jusqu'à la fin de l'expédition
des dix mille, 449-399.*

Depuis la fin des guerres médiques, la Perse tombait en
décadence. Dépeuplée en partie, elle était hors d'état non-
seulement d'envahir la Grèce, mais encore de contenir dans
l'obéissance les villes grecques d'Asie-Mineure. Ce qui la pré-
servait de sa ruine, c'est que la Grèce manquait d'union. Du
reste, elle semblait crouler d'elle-même.

Xercès avait passé la fin de sa vie confiné dans son sér
où il s'était laissé dominer par sa femme Amestris. Assass
en 472, ainsi que son fils aîné par Artaban, capitaine de
gardes, il eut pour successeur son troisième fils Artaxercès
Longue-Main, qui vainquit le second, Hystaspe, et conse
le trône pendant quarante-sept ans. Ce fut lui qui accuei
Thémistocle à sa cour. Au-dehors, il n'éprouva que des reve
Au-dedans il eut à réprimer la révolte de l'Egypte, soulev
par le roi libyen, Inarus de Maréa, et par l'égyptien Am
tæus, 463 ; puis celle du satrape Mégabyze, qui, vainqu
de l'Egypte en 456, prit les armes contre son maître en 4
et lui imposa un traité humiliant. Artaxercès I vécut le re
de sa vie dans la plus entière dépendance de sa mère Amest
et de sa femme Amytis.

Après lui, 424, trois rois se succèdent en huit moi
Xercès II, Sogdien et Darius II Nothus. Celui-ci règne d
neuf ans sous la tutelle de sa femme Parysatis et de quelqu
eunuques. La révolte d'Artoxarès, celle d'Arsités que souti
Artyphius, fils de Mégabyze, 422, et celle de Pisuthnès désol
l'empire, et les Egyptiens forcent Darius à reconnaître leur
Amyrtæus, 414. Cependant les querelles sanglantes des Gre
alimentées par les intrigues des satrapes Tissapherne et Ph
nabaze mettent la Perse à l'abri de toute attaque ; mais en 4o
Cyrus le jeune, second fils de Darius, nommé par lui go
verneur-général des provinces maritimes, décide, par les s
cours qu'il donne à Lysandre, le succès des Spartiates, et rom
ainsi l'équilibre que la politique persane s'efforçait de mai
tenir entre les états grecs pour n'avoir pas à les craindre.

Cyrus est rappelé en 4o5 ; mais l'année suivante, 404, D
rius II meurt, laissant le trône à son fils aîné, Artaxercès I
Mnémon, malgré les obsessions de Parysatis qui préfère le pl
jeune. Bien que celui-ci ait essayé de l'assassiner, Mnémon
l'imprudence de le renvoyer en Asie-Mineure comme gouve
neur, 403. Cyrus demande du secours aux Lacédémonie
alors tout-puissants dans la Grèce. Il en reçoit bient
treize mille mercenaires auxquels il joint soixante-dix mil
Asiatiques commandés par Ariée. A la tête de cette armée
qui s'augmente encore de trente mille hommes sur sa route,
pénètre jusqu'à Cunaxa, à cinq cents stades de Babylone ; ma
là il est vaincu et tué, 4o1 ; ses soldats fuient. Seuls, les me
cenaires grecs repoussent les troupes de Mnémon et obtienne
la liberté de se retirer.

Trahis par Ariée, privés de leurs chefs par un guet-apens, ils prennent la résolution de se rendre sur les bords du Pont-Euxin. Ils traversent, au milieu de combats continuels, soit contre les satrapes persans, soit contre les indigènes, l'Assyrie, le pays des Carduques, l'Arménie, la Colchide et arrivent à Trapezus, la première des colonies grecques situées sur l'Euxin. Ils suivent alors les côtes jusqu'à Chrysopolis et de là passent dans la Thrace où ils se mettent au service du roi Seuthès jusqu'au moment où Thymbron les prend à la solde de Lacédémone, 399. Ils étaient encore six mille.

SEPTIÈME LEÇON.

Histoire des Grecs et des Perses,

Depuis la fin de l'expédition des dix mille jusqu'au traité d'Antalcidas, 399-387.

En favorisant l'expédition des dix mille, Sparte avait attaqué la Perse indirectement ; le succès de cette expédition, qui montrait à nu toute la faiblesse de ses ennemis, engagea Sparte à commencer contr'eux une guerre ouverte. Artaxercès ou plutôt Tissapherne eut l'imprudence de lui fournir un prétexte en traitant trop rigoureusement les Grecs d'Asie qui avaient secouru Cyrus le jeune.

Thymbron, envoyé le premier en Asie-Mineure, remporte quelques avantages, mais il échoue devant Larisse égyptienne. Dercyllidas qui le remplace, 398, conclut avec Tissapherne une trève pendant laquelle il enlève plusieurs villes au satrape Pharnabaze. Le roi Agésilas vient prendre alors le commandement des troupes, 397. Il commence par rétablir l'ordre dans les villes grecques, et après s'être soustrait à la surveillance incommode de Lysandre, il ravage la Phrygie et la Carie ; l'année suivante, 396, il triomphe, sur les bords du Pactole, de Tissapherne, qui est assassiné et remplacé par Tithrauste. Avec l'argent que lui donne celui-ci, Agésilas attaque Pharnabaze, le chasse de ses satrapies, et après s'être allié à l'Egypte récemment révoltée, il s'avance vers la Haute-Asie à la tête de vingt mille Grecs et d'une multitude de Barbares, 395.

Mais une ligue contre Sparte s'est formée en Grèce à l'instigation du Rhodien Timocrate, agent de Tithrauste. Les Spartiates perdent la bataille d'Haliarte dans laquelle périt Lysandre ; celle de Némée est indécise et Sparte se voit forcée de rappeler Agésilas. Il triomphe à Coronée, 394, mais Conon et Pharnabaze ont détruit la flotte lacédémonienne à la hauteur de Cnide et enlevé à Sparte les côtes de l'Asie-Mineure et de l'Hellespont, à l'exception de Sestos et d'Abydos. Agésilas se retire à Sparte, tandis que Corinthe équipe une flotte, 393, qui domine sur la mer d'Achaïe et qu'Athènes relève ses murailles. Sparte se décide alors à recourir au grand-roi ; elle envoie Antalcidas vers Téribaze, successeur de Tithrauste, et offre pour première condition d'abandonner les Grecs d'Asie.

En ce moment, Conon, à la tête d'une flotte composée surtout de navires persans, rétablissait l'empire d'Athènes dans la mer Egée. Artaxercès songe à traiter avec les Spartiates, mais il ne les trouve pas assez affaiblis. Il disgrâcie Téribaze qui est remplacé par Struthas, 391.

Cependant les Athéniens continuaient le cours de leurs succès sous Conon et sous Thrasybule, son successeur ; ils poussent l'audace et la démence jusqu'à lever des contributions dans les domaines mêmes du grand-roi et soutiennent contre lui la révolte d'Evagoras, roi de Salamine, 389. Artaxercès commence alors à les craindre, et le désir de ramener à l'obéissance Cypre, l'Egypte et les Cadusiens révoltés le détermine à conclure avec les Spartiates le traité dit d'Antalcidas, 388. Les villes grecques d'Asie ainsi que les îles de Clazomène et de Cypre sont abandonnées au grand-roi, toutes les autres cités grecques sont déclarées libres à l'exception des îles d'Imbros, de Lemnos et de Scyros que conservent les Athéniens. L'union de Sparte avec la Perse force le reste des Grecs à signer le traité, 387. Ainsi, la politique persane triomphait. Les colonies grecques étaient sacrifiées ; la Grèce, divisée et morcelée, était soumise à l'influence de Sparte alliée du grand-roi, et celui-ci se ménageait une ressource dans le cas où les Spartiates l'abandonneraient en laissant à Athènes une partie de sa puissance.

HUITIÈME LEÇON.

Histoire de la Grèce,

Depuis le traité d'Antalcidas jusqu'à la bataille de Leuctres,
387-371.

En se chargeant de faire exécuter le traité d'Antalcidas,

Sparte se donnait le moyen de dominer la Grèce ; son ambition se révéla bientôt par sa conduite envers Mantinée, 386 ; envers Phlionthe, 382 ; envers Olynthe, et surtout par la prise de la Cadmée, 382, que surprend Phébidas au mépris de la foi publique. Après les expéditions d'Eudamidas, 382, de Téleutias et du roi Agésipolis contre Olynthe, Polybiade s'empare de cette ville, 380. Sparte se voit encore une fois maîtresse de la Grèce et avec plus de puissance que jamais. Une conjuration, formée par quelques exilés, suffit pour renverser son empire.

Pélopidas, ou selon d'autres Mellon, délivre Thèbes, 378. Pélopidas et Epaminondas font déclarer à Sparte une guerre qui doit élever leur patrie au premier rang dans la Grèce. Athènes, qui a puni ses généraux de n'avoir pas dévoilé le complot des exilés Thébains, s'irrite de la tentative faite sur le Pirée par le Spartiate Sphodrias et s'allie aux Thébains. L'opiniâtreté indomptable de ceux-ci leur donne l'avantage sur les troupes mieux disciplinées de Sparte. Le roi Cléombrote est repoussé, le roi Agésilas blessé dans une bataille indécise livrée à Tégyre ; Phébidas est vaincu et tué près de Thespies, qui est prise ainsi que Platée. Agésilas est défait près de Thèbes par une manœuvre habile de l'Athénien Chabrias. D'un autre côté, Athènes reprenait l'empire de la mer. Chabrias battait la flotte lacédémonienne dans les eaux de Naxos, 376 ; Timothée triomphait à Leucade du Lacédémonien Nicoloque, 375.

Malheureusement Thèbes ne sait pas modérer son ambition. Au moment même où elle a Sparte à combattre, elle songe à conquérir la Phocide et dans ce but s'allie à Jason, prince tout-puissant en Thessalie. Athènes s'effraie alors des accroissements que peut prendre la puissance de Thèbes et fait la paix avec Lacédémone, 374. La rivalité naturelle de Sparte et d'Athènes amène bientôt entre elles, à propos des bannis de Zacynthe, une nouvelle guerre pendant laquelle Iphicrate délivre Corcyre et prend la flotte envoyée par Denys de Syracuse au secours de Lacédémone, 374 (1). Mais Athènes, craignant de voir s'élever à ses portes une puissance plus dangereuse que Sparte, penche encore à la paix. Une assemblée des peuples grecs se réunit à Corinthe pour en régler les conditions, 371. Epami-

____

(1) Guerre d'Artaxercès II contre l'Egypte à laquelle prend part Iphicrate.

nondas, qui représente les Thébains, refuse de céder aux exigences de l'assemblée et ne craint pas d'engager sa patrie, réduite à ses propres forces, dans une nouvelle guerre avec Lacédémone. Les hostilités recommencent aussitôt.

Le roi Cléombrote passe de la Phocide, où il campait, dans la Béotie qu'il ravage, 371; mais il est vaincu et tué près de Leuctres avec un grand nombre des siens. Cette victoire des Thébains délivre entièrement leur pays et leur inspire la pensée d'envahir le Péloponèse; Thèbes est au moment de dominer à son tour toutes les cités helléniques.

NEUVIÈME LEÇON.

Depuis la bataille de Leuctres jusqu'à la bataille de Mantinée,
571-563.

Les Spartiates affectèrent de ne pas se laisser abattre par le désastre de Leuctres; les Athéniens montrèrent peu de bienveillance pour les Thébains, et si Jason descendit en Béotie, ce ne fut que pour se rendre médiateur entre les deux parties belligérantes. Après avoir fait quelques conquêtes en Phocide, Jason retourna préparer en Thessalie une expédition qui devait, dit-on, avoir pour résultat l'asservissement de la Grèce; mais il fut alors assassiné, 370, et Thèbes perdit par sa mort les secours qu'elle en attendait.

Cependant Athènes, qui n'a plus à craindre Jason, sollicite l'intervention du grand-roi et réclame à la fois contre Sparte et contre Thèbes l'exécution du traité d'Antalcidas. Aussitôt les Arcadiens prennent les armes; ils fondent Mégalopolis à la persuasion d'Epaminondas qui vient les secourir à la tête de soixante-dix mille hommes, 370. En vain le Spartiate Ischolas meurt dans la Sciritide comme Léonidas aux Thermopyles: Epaminondas arrive en vue de Sparte. Mais il ne peut forcer Agésilas à combattre. La constance des alliés de Sparte, la défection de ceux de Thèbes et l'arrivée de l'Athénien Iphicrate déterminent Epaminondas à la retraite; mais avant de quitter le Péloponèse, il y fonde la ville de Messène, destinée, comme Mégalopolis, à tenir Sparte en échec.

Malgré l'alliance de Sparte avec Athènes et le roi de Perse, malgré les secours que lui envoie Denys I de Syracuse, Epaminondas revient, en 368, dans le Péloponèse; mais l'intervention de l'Athénien Chabrias sauve Corinthe et force les

Thébains à retourner chez eux. Les Arcadiens essaient alors de balancer seuls la fortune de Sparte ; ils perdent, près de Midée, la *bataille sans larmes*, 367, et cet échec leur montre qu'ils ne peuvent rien sans le secours de Thèbes.

D'un autre côté, Thèbes avait toujours les yeux fixés sur le nord de la Grèce. Pélopidas, envoyé en 368 contre Alexandre de Phère, neveu de Jason, délivre de sa tyrannie Larisse et les autres villes de la Thessalie. Deux fois il passe en Macédoine pour y régler les affaires de la succession du roi Amyntas IV ; au retour de la seconde expédition, il est fait prisonnier par Alexandre de Phère, et il faut, pour le délivrer, qu'Epaminondas prenne le commandement de l'armée thébaine, 367.

Cette multiplicité de projets, en éparpillant les forces de Thèbes, nuisait à sa puissance ; les Thébains songèrent à se ménager l'appui du grand-roi que Pélopidas alla solliciter et obtint. Epaminondas fit aussitôt, dans le Péloponèse, une troisième expédition, 366 ; mais elle n'eut aucun résultat décisif. Une flotte thébaine, équipée par Epaminondas, remporte quelques succès dans la mer Egée sur les Athéniens, mais une conspiration tramée en Béotie met Thèbes dans le plus grand danger, et les villes de Thessalie succombaient aux attaques d'Alexandre de Phère. Pélopidas marche contre le tyran et le bat près de Cynoscéphales, 365 ; mais il tombe enseveli dans son triomphe, et sa mort, quoique vengée, présage déjà la décadence de Thèbes.

Cependant de nouveaux troubles s'étaient élevés dans le Péloponèse au sujet de l'intendance des jeux Olympiques ; des deux factions qui partageaient l'Arcadie, la moins honorable appelle les Thébains, 364 : Epaminondas descend dans le Péloponèse pour la quatrième fois. Il pénètre jusqu'à Sparte qu'il ne peut prendre ; il revient alors en Arcadie et remporte une victoire signalée à Mantinée, 363 ; mais il y périt et Thèbes retombe dans l'obscurité d'où Pélopidas et lui l'avaient tirée.

Résumé de l'histoire grecque depuis 449. — Etat de la Grèce vers 360.

DIXIÈME LEÇON.

Histoire de la Sicile,

Depuis l'expédition des Athéniens jusqu'à la mort de Denys l'ancien, 413-618.

Après la défaite des Athéniens, 413, Syracuse ne pouvait

plus trouver d'obstacles à l'établissement de sa domination e
Sicile : les lois démocratiques que lui donne Dioclès, 412, son
aussitôt adoptées par la plupart des villes voisines. Mais l'intervention des Carthaginois dans les démêlés d'Egeste et d
Sélinonte, 410, prépare à la Sicile une suite de guerres dé-
sastreuses et excite à Syracuse des dissensions intestines don
Denys l'ancien profite pour s'élever à la tyrannie.

Substitué d'abord aux autres magistrats, Denys se fait ensuite déclarer généralissime et accorder des gardes, 405. Ains
maître de Syracuse, il s'occupe en même temps d'affermir son
pouvoir à l'intérieur, de chasser les Carthaginois de la Sicile e
d'étendre son autorité sur l'île entière ainsi que sur les colonies
grecques de l'Italie méridionale.

Les Carthaginois, qui avaient pris Himère et Sélinonte en
409, Agrigente en 406, assiégent Géla en 404. Denys marche
au secours de cette ville, éprouve une défaite et voit pa
contre-coup son autorité compromise à Syracuse. Heureusement
une peste force Imilcon à rechercher la paix.

Denys réprime une seconde révolte des Syracusains, s'empare de plusieurs villes de Sicile, s'allie aux Locriens Epizé-
phyriens, et après d'immenses préparatifs attaque de nouveau
les Carthaginois, 397. Il débute par de brillants succès ; mais
l'année suivante, 396, il est battu sur terre et sur mer et assiégé dans Syracuse. La peste vient encore à son secours ; une
sortie faite à propos le délivre et la guerre qui traîne en lon-
gueur jusqu'à 392 se termine alors à son avantage.

Cependant, dès 394, Denys avait tourné contre la Grande-
Grèce une partie de ses forces. Il s'empare, en 389, de Locres
et de plusieurs autres villes et s'allie aux Gaulois qui viennent
de brûler Rome. Il ruine Rhégium, l'asyle des exilés Syracusains. Il va piller, en Etrurie, le temple d'Agyla, et envoie
des colonies, 385, jusqu'au fond de l'Adriatique.

Denys attaque alors les Carthaginois pour la troisième fois,
383 ; mais après avoir remporté une éclatante victoire, il éprouve
une grande défaite et se voit forcé de demeurer en repos jusqu'en 368 (1). Il commence alors une quatrième guerre, s'empare
de plusieurs villes, et bien que forcé de lever le siége de
Lilybée, paraît au moment de chasser les Carthaginois, lors-
qu'il est empoisonné, peut-être par son fils, 368.

---

(1) Secours envoyés aux Lacédémoniens, 374 et 368.

ONZIÈME LEÇON.

Depuis la mort de Denys l'ancien jusqu'à la mort de Timoléon,
368-337.

Denys le jeune, en succédant à son père, eut à choisir entre
deux factions qui se disputaient l'influence, les philosophes
et les courtisans. Les premiers avaient à leur tête Dion, beau-
frère de Denys, qui finit par s'emparer entièrement de l'esprit
du tyran. Il fit venir trois fois d'Athènes le philosophe Platon
qui déjà avait paru en Sicile sous le règne de Denys l'ancien.
Pendant quelque temps, l'aspect de la cour de Syracuse
changea; il ne fut plus question de guerres; on ne s'occupa
que de philosophie et de science. Mais à la fin, les courtisans
parvinrent à rendre Dion suspect et le firent exiler, 360;
Platon se retira de lui-même.

Dion commence bientôt une guerre qui devait renverser le
tyran sans affranchir Syracuse. Il rentre dans la ville, 357;
mais la citadelle reste au pouvoir de Denys. Exilé par les ma-
nœuvres du démagogue Héraclite, Dion est bientôt rappelé.
Il s'empare alors de la citadelle et proclame le rétablissement
de la liberté, en gardant cependant l'autorité. L'assassinat
d'Héraclite le rend odieux, et lui-même tombe bientôt sous
les coups de l'Athénien Callipe, 354.

Trois tyrans lui succèdent en peu de temps : Callipe, Hip-
parinus et Nypsius. Denys le jeune profite des troubles qui
agitent Syracuse pour y rentrer, 347. Les Syracusains implorent les secours d'Icétas, tyran de Léontium, qui les trahit
et se joint aux Carthaginois pour les accabler. Syracuse demande alors du secours à sa métropole Corinthe qui lui envoie
Timoléon, 345. Celui-ci bat Icétas et les Carthaginois, force
Denys à se retirer à Corinthe et rétablit à Syracuse le gouvernement démocratique. Il détruit la tyrannie dans les autres
villes grecques de Sicile; quelques-unes sont repeuplées par
ses soins. Enfin, une grande victoire remportée près de la
Crimèse sur les Carthaginois les éloigne pour longtemps, 340.
Timoléon abdique alors l'autorité. Il vécut depuis à Syracuse
toujours honoré et toujours puissant, même après que devenu
aveugle, il eut renoncé aux magistratures. Il mourut en 337,
un an avant Philippe II de Macédoine.

DOUZIÈME LEÇON.

Histoire de la Macédoine,

Depuis son origine jusqu'à l'avènement de Philippe II,
796-363.

Comme toutes les histoires, celle de la Macédoine est d'abord mêlée de fables. Elle acquiert quelque certitude vers 796, au moment où commence le règne de Caranus, prince argien, le premier fondateur du royaume de Macédoine. Depuis ce prince jusqu'à Perdiccas III, l'histoire de la Macédoine se divise en deux grandes périodes, l'une qui s'étend de 796 à 496, l'autre de 496 à 363.

Dans la première période, les Macédoniens restent entièrement étrangers aux affaires comme à la civilisation de la Grèce, et ils sont continuellement en guerre avec les Thraces et les Illyriens. Remarquons, au milieu de règnes obscurs, celui de Perdiccas I, 695-647, que ses exploits ont fait regarder comme le véritable fondateur du royaume de Macédoine, celui d'OEropas, jeune enfant, autour du berceau duquel ses sujets combattent et triomphent dans une guerre contre les Illyriens, 579, et celui d'Amyntas I, 538-496, qui est menacé de devenir tributaire des Perses.

La seconde période commence en 496, avec le règne d'Alexandre I, qui est forcé d'accorder au grand-roi la terre et l'eau et de le suivre dans son expédition contre la Grèce. Alexandre le trahit la veille de la bataille de Platée, 479, en instruisant Aristide du plan d'attaque de Mardonius. Dans la suite, Alexandre fut admis aux jeux Olympiques comme descendant d'Hercules. La Macédoine ne cessa dès-lors d'entretenir des relations avec les Grecs; elle prit part à leurs rivalités et rechercha leur civilisation.

Perdiccas II, 452, et Archelaüs I, 429, s'allient tour-à-tour aux Lacédémoniens et aux Athéniens pendant la guerre du Péloponèse. Ils ont de plus à combattre les Odryses devenus puissants sous leurs rois Sitalcès et Scuthès. Archelaüs rassemble à sa cour le peintre Zeuxis, le musicien Timothée, les poètes Euripide et Agathon. Depuis la mort d'Archelaüs I, 405, qui est assassiné par Cratéras, jusqu'au règne d'Amyntas IV, sept princes se succèdent en dix-sept ans. Enfin, Amyntas IV monte sur le trône en 388. Il combat avec succès l'Illyrien Bardyllis et les Olynthiens, réprime les tentatives criminelles de sa femme Eurydice et meurt tranquillement après avoir gouverné la Macédoine pendant dix-huit années, 370.

Ce règne heureux est suivi de dix années de troubles et de malheurs. Alexandre II, fils de Perdiccas II, attaqué par les Illyriens, achète d'eux la paix. Il périt bientôt après assassiné par sa mère Eurydice, 369. Ses deux frères, encore mineurs, sont dépouillés du trône par Pausanias que soutiennent les Thraces. L'Athénien Iphicrate rétablit les fils d'Amyntas IV en les plaçant sous la tutelle de leur frère naturel, Ptolémée Aloritanus. Celui-ci songe bientôt à dépouiller ses pupilles ; mais par deux fois l'intervention du Thébain Pélopidas assure le trône au plus âgé des deux, Perdiccas III ; le plus jeune, Philippe, est emmené en otage à Thèbes. Bientôt après, Perdiccas III périt dans une bataille contre les Illyriens, et sa mort plonge la Macédoine dans une affreuse anarchie jusqu'au moment où Philippe, s'échappant de Thèbes, arrive en Macédoine, 360.

Quelques mots sur l'Epire, la Thrace, l'Illyrie, etc.

TREIZIÈME LEÇON.

Histoire de la Macédoine et de la Grèce,

Depuis l'avénement de Philippe II jusqu'à sa tentative sur les Thermopyles, 360-352.

Philippe se fait reconnaître comme tuteur du jeune Amyntas, son neveu, qui disparaît bientôt. Il détruit le parti d'Argée, un de ses compétiteurs que soutenaient les Athéniens, désarme ceux-ci en renonçant à Amphipolis, détache les Thraces de Pausanias, son autre compétiteur, soumet les Péoniens et bat les Illyriens, 360-357. Dès-lors la Macédoine est la première puissance dans le nord de la Grèce. Philippe conçoit le projet d'étendre sa domination sur toute la Péninsule hellénique pour attaquer ensuite la Perse à la tête des Grecs réunis et accomplir les projets vainement entrepris jusqu'alors par les Athéniens, les Spartiates et les Thébains.

Deux grands événements le favorisent : la guerre sociale et la première guerre sacrée.

Après avoir affermi son autorité en Macédoine, Philippe

s'empare d'Amphipolis et de Potidée avec le secours des Oly
thiens et joint ainsi la Macédoine à la mer. Il occupe en Thra
les riches mines d'or de Crénides (*Philippes*). Il accorde
protection aux Thessaliens, opprimés par les successeurs d'A
lexandre de Phère, et reçoit en retour des avantages maritim
considérables. Enfin, il épouse Olympias, fille de Néoptolème
roi d'Epire, et remporte de nouveaux succès sur les Illyriens
les Pœoniens et les Thraces. Alexandre-le-Grand nait en 356.

Cependant, les Athéniens étaient occupés de la guerre so
ciale, 358–356. Quatre villes alliées d'Athènes, Chio, Cos
Rhodes et Byzance, s'étaient soulevées à la voix d'Epaminonda
368. Après la mort de celui-ci, Athènes envoie contr'elles un
expédition commandée par Charès et Chabrias. Le dernier meu
au siége de Chio. Iphicrate et Timothée, qui le remplacent
sont accusés de trahison par Charès qui, chargé seul de ter
miner la guerre, vend ses troupes au satrape Artabaze. révolt
contre le roi Ochus. Celui-ci intervient et force Athènes
reconnaître l'indépendance des villes alliées, 356.

L'année précédente, 355, avait commencé la première guerr
sacrée. Les Phocidiens, condamnés par les Amphictyons à un
amende pour avoir labouré le champ Cirrhéen, avaient pris le
armes sous la conduite de Philomèle et s'étaient emparés d
Delphes. Soutenus par les Athéniens et les Spartiates, ils osen
résister aux Thébains et à tous les autres peuples amphictyo
niques. Après la défaite de Philomèle qui se donne la mort
353, son lieutenant Onomarque remporte quelques succès e
attaque la Béotie, pendant que Phaylle, son frère, envahit l
Thessalie. Les Thessaliens appellent Philippe à leur secours

Depuis le commencement de la guerre sacrée, Philipp
s'était créé une marine à l'aide de laquelle il avait conqui
Imbros et Lemnos, fait une descente à Marathon et pris la
galère Parélienne. En même temps, il combattait en Thrac
Kersobleptes, allié des Athéniens, et détruisait Méthone en
Piérie. Il saisit avec empressement l'occasion que lui donnaien
les Grecs de s'immiscer dans leurs affaires.

Philippe repousse Phaylle, 353; battu deux fois par Ono
marque, il remporte l'année suivante la victoire de Magnésie
où périt Onomarque avec dix mille des siens, 352. Les Pho
cidiens redoublent d'énergie et envahissent la Béotie. Les
Thébains triomphent trois fois, près d'Orchomène, du Céphise
et de Coronée, mais ils échouent à leur tour devant Naryce.
A Phaylle, qui meurt de maladie, on substitue Mnaséas, qui

est surpris et tué par les Thébains, et Phalœcus, fils d'Onomarque, qui est battu près de Chéronée, 352. Philippe, qui depuis quelque temps laissait les deux partis s'affaiblir l'un l'autre, reparaît alors en Phocide et se dirige tout-à-coup sur les Thermopyles pour s'en emparer ; mais, arrêté par une armée athénienne, il retourne en Macédoine attendre des circonstances plus favorables à son ambition maintenant dévoilée.

QUATORZIÈME LEÇON.

Constitution d'Athènes au moment de sa lutte avec Philippe.

QUINZIÈME LEÇON.

Histoire de la Macédoine et de la Grèce,

Depuis la tentative de Philippe sur les Thermopyles jusqu'à la fin de la première guerre sacrée, 352-344.

Pendant deux ans, Philippe s'efforce de faire oublier par un prudent repos sa tentative sur les Thermopyles. Tout-à-coup il se montre rapidement dans le Péloponèse, où il secourt les Arcadiens, dans la Thessalie où il s'empare de Phère, dans l'Eubée, qu'il aurait prise sans l'habile fermeté de Phocion. Enfin, il prend plusieurs villes dans l'Hellespont et attaque Olynthe qui, malgré les discours de Démosthènes et quelques efforts des Athéniens, est prise en 348. La ville est ruinée de fond en comble, ses habitants vendus à l'encan. Par là, Philippe effraye le reste des Grecs, et les Athéniens eux-mêmes, dirigés par quelques orateurs qui lui sont vendus, prennent le parti de traiter avec lui.

Philippe, pour dominer la Grèce, avait besoin d'occuper d'un côté l'Hellespont et la Thrace, de l'autre les Thermopyles. Or, Kersobleptes, allié des Athéniens, triomphait alors en Thrace de ses frères, alliés de Philippe, et au même moment les Phocidiens reprenaient l'avantage sur les Thébains. Athènes voulut faire comprendre Kersobleptes et les Phocidiens dans son traité avec Philippe. Celui-ci rétablit d'abord les affaires des Thébains en leur envoyant quelques troupes ; puis il marcha contre Kersobleptes et le dépouilla avant que les négociations avec Athènes fussent terminées. Un traité fut pourtant conclu et Athènes désarma.

Aussitôt Philippe s'empare des Thermopyles et attaque les Phocidiens qui implorent en vain la protection d'Athènes et de Sparte. Phalœcus consent à se retirer dans le Péloponèse et met ainsi fin sans combat à la première guerre sacrée, 345. Philippe entre alors au conseil des Amphictyons ; il exécute avec la dernière rigueur le décret qu'ils ont porté contre les Phocidiens, s'assure du passage des Thermopyles, partage entre ses créatures la Thessalie divisée en quatre gouvernements, force Corinthe à consentir à la paix, et rentre enfin dans son royaume où il rétablit l'ordre un moment troublé par une invasion d'Illyriens et des troupes de brigands, 344.

SEIZIÈME LEÇON.

Depuis la fin de la première guerre sacrée jusqu'à l'expédition d'Alexandre contre les Perses, 344-335.

Pendant les quatre années qui suivent, Philippe prélude à la guerre ouverte qu'il va entreprendre contre la Grèce entière. Ses entreprises dans le Péloponèse, ses conquêtes en Epire, en Dardanie et en Thrace, ses tentatives sur l'Eubée, l'augmentation de sa marine et ses préparatifs de guerre raniment les craintes de Démosthènes qui, dans ses Philippiques, excite les Athéniens à la guerre. Elle est entreprise malgré l'opposition de Phocion qui ne sert qu'à paralyser les efforts d'Athènes.

Diopithe, général Athénien, assiégeait Cardie ; Philippe le bat près de cette ville ; mais il est arrêté par la résistance inattendue de Périnthe que secourt le grand-roi. Il prend Sélymbrie, et son amiral Amyntas bat l'Athénien Charès ; mais Phocion sauve Byzance et ravage les côtes de la Thrace. Philippe semble alors, selon sa coutume, renoncer à ses projets. Il va combattre les Scythes et les Triballes. Tout-à-coup ses partisans dans le conseil Amphictyonique, à la tête desquels se trouve Eschine, font naître contre les Locriens d'Amphissa une nouvelle guerre sacrée dont il est encore chargé.

Philippe descend rapidement dans la Hellade et bat les Locriens ; puis il se jette sur Elatée, 338, et surprend cette ville qui est la clef de la Béotie et par conséquent de l'Attique.

Dès-lors il menace ouvertement la liberté de la Grèce. Le danger commun et les efforts de Démosthènes font oublier aux Athéniens leurs anciennes haines contre les Thébains et les deux peuples s'unissent; mais ils succombent à Chéronée, 336, et cette victoire étend sur toute la Grèce la domination macédonienne.

Philippe n'avait encore accompli que la moitié de ses projets: il se fait donner, par une assemblée des peuples grecs réunie à Corinthe, le soin de détruire l'empire des Perses. C'est alors qu'il répudie sa femme Olympias pour épouser Cléopâtre, fille d'Attalus. Au milieu des fêtes de ce nouveau mariage, il est assassiné par Pausanias, un de ses officiers, 336.

Alexandre III, son fils, alors réfugié chez les Illyriens, revient aussitôt prendre possession de la Macédoine. Il affermit son autorité en réprimant plusieurs conspirations et en se conciliant l'affection du peuple qu'il exempte d'impôts. Il marche ensuite contre les Triballes, les Thraces libres, les Gètes et les Illyriens, qui ont cru pouvoir profiter de sa jeunesse pour secouer le joug ou attaquer la Macédoine. Puis il descend en Grèce pour dissiper une ligue que Démosthène vient de former contre lui. La défaite des Thébains et la ruine de leur ville, 335, frappent la Grèce entière de terreur et consolident la domination macédonienne. Alexandre, que l'assemblée de Corinthe a nommé généralissime des Grecs, se dispose à marcher contre les Perses, 334.

DIX-SEPTIÈME LEÇON.

Histoire intérieure de la Perse,

Depuis le traité d'Antalcidas jusqu'à l'avénement de Darius Codoman, 488-436.

Le traité d'Antalcidas, en rendant à la Perse son influence à l'extérieur, n'avait pu arrêter sa décadence intérieure. Artaxercès II força Evagoras II, roi de Salamine, à lui payer tribut; mais ne put lui ôter le titre de roi, 385. Achoris, soutenu par le perse Gaos, demeura en Egypte entièrement indépendant de la Perse, et Artaxercès échoua complètement dans son expédition contre les Cadusiens. Depuis cet échec, il se montra

soupçonneux et cruel pour les grands de sa cour; de là les révoltes de Thyus en Paphlagonie et d'Aspis dans les pays voisins
de la Cappadoce. Le Carien Datame les réduit à l'obéissance,
mais devenu suspect à son tour, il se révolte et bat les troupes
d'Artaxercès qui le désarme par ses promesses, le comble
d'honneurs et le fait assassiner.

On voit alors dans toute leur étendue les avantages que
donnaient au grand-roi, sur la Grèce, les discordes intestines
qui déchiraient incessamment ce pays. Au moment d'attaquer
l'Egypte, 374, Artaxercès fait rappeler Chabrias qui était au
service d'Achoris. Il dispose des forces de la Grèce qui lui
envoie vingt mille hommes commandés par Iphicrate. Malgré
ce secours, l'expédition échoue. Artaxercès continue à main-
tenir sa supériorité sur la Grèce, en empêchant la prédomi-
nance de l'une des trois grandes cités qui s'y combattent. Mais
dans la dernière année de son règne, 362, éclate une révolte
générale des provinces maritimes qui se liguent avec Tachos,
roi d'Egypte. Agésilas passe en Egypte avec dix mille hommes.
La trahison d'Oronte, chef des provinces maritimes, les fait
rentrer sous le joug et l'Egypte reste seule. Une mésintelligence
survenue entre Agésilas et Tachos amène la chûte de ce dernier. Il est remplacé par Necténabus II, qui résiste avec succès
aux Perses. C'est au retour de cette expédition qu'Agésilas
meurt en Libye, 362, à l'âge de quatre-vingt-quatre ans.

Ochus, successeur d'Artaxercès, est plus heureux que lui.
Il réprime la révolte d'Artabaze, satrape d'Ionie, soutenu par
l'Athénien Charès, 358, puis par une troupe de cinq mille
Thébains. Bientôt après se renouvelle la révolte des provinces
maritimes soutenues par l'Egypte. Ochus, profitant de l'ascen-
dant que lui donnent sur la Grèce les nouvelles guerres qui
l'affaiblissent (guerre sociale, 358-356; première guerre sacrée,
355-345), exige des cités grecques huit mille auxiliaires que
Phocion conduit en Cypre et dix mille autres qui se joignent à
l'armée persane sur les frontières de Phénicie. La trahison du
Rhodien Mentor livre à Ochus, Sidon et toute la Phénicie.
Cypre est soumise par Phocion, et les Grecs gagnent, près de
Péluse, sur Necténabus II, une victoire qui replace l'Egypte
sous la domination du grand roi. L'empire persan est rétabli
dans son intégrité, 354.

Ochus passe les seize dernières années de sa vie dans la
dépendance la plus complète de Mentor et de l'eunuque Bagoas.
A la fin, Bagoas l'empoisonne, 338; il met à sa place Arsès,

le plus jeune de ses fils, qu'il empoisonne aussi bientôt, 336.
Darius Codoman monte sur le trône de Perse la même année
qu'Alexandre-le-Grand sur celui de Macédoine.

DIX-HUITIÈME LEÇON.

Histoire des Macédoniens, des Grecs et des Perses,

Depuis le départ d'Alexandre jusqu'à la mort de Darius,
334-330.

Alexandre remet le gouvernement de la Macédoine à Antipater auquel il laisse vingt mille hommes. Il n'emmène avec
lui que trente mille fantassins et quatre mille cinq cents cava-
liers. Il parvient sans obstacle en Asie-Mineure. Après avoir
visité les ruines de Troie, il marche à la rencontre d'une armée
composée surtout de mercenaires Grecs, qui l'attend sur les
bords du Granique. Il remporte une première victoire, 21 mai
334, qui le rend maître de choisir sa route en Asie-Mineure. Il
s'attache avec une imperturbable constance à la conquête de ce
pays et des autres provinces maritimes de l'empire persan pour
couper toutes les communications entre la Perse et la Grèce.

Il soumet la Mysie et la Lydie. Arrêté quelque temps par
la résistance de Milet en Ionie et d'Halicarnasse en Carie, que
défend successivement le Rhodien Mentor, il s'assure de la
Lycie où il échappe à la conspiration d'Alexandre-le-Lyncestes,
de la Pamphylie et de la Pisidie ; puis il remonte jusqu'à
Gordium en Phrygie pour accomplir à son profit l'oracle relatif
au nœud gordien. Les Paphlagoniens envoient des députés lui
faire leur soumission. Il apprend alors que Memnon vient de
mourir au moment où il allait diriger une expédition sur la
Macédoine elle-même. Désormais sûr de n'avoir à craindre
aucune attaque sur ses derrières, il redescend en longeant la
Cappadoce jusqu'en Cilicie et s'empare de Tarse où il reste
quelques jours malade pour s'être baigné dans le Cydnus. Il
en sort pour remporter, sur Darius, une victoire signalée dans
les plaines d'Issus, 29 octobre 333.

Il laisse Darius s'enfuir au-delà de l'Euphrate et continue
la conquête des provinces maritimes : la Cœlé-Syrie, où il
trouve les ambassadeurs d'Athènes, de Sparte et de Thèbes
réunis à Damas ; la Phénicie, où il prend Tyr après sept mois

de siége, 332 ; la Palestine, où il se fait reconnaître comme l'envoyé du vrai Dieu et où il punit cruellement, dit-on, le brave Bœtis de l'avoir arrêté longtemps devant Gaza ; l'Egypte, où il fonde Alexandrie, 331 ; la Libye où il est proclamé fils de Jupiter-Ammon. Partout sur son passage, depuis qu'il avait mis le pied en Asie, il avait gagné l'affection des peuples en leur rendant leurs anciens gouvernements et en honorant les divinités du pays ; il ne laissait aucun ennemi derrière lui. Dès qu'il a reçu de la Macédoine et de la Grèce les secours qu'il en attendait, il se dirige vers la Haute-Asie.

Darius avait rassemblé une nouvelle armée, mais composée presque uniquement de Barbares. Alexandre va le chercher au-delà de l'Euphrate et du Tigre et le rencontre sur les bords de la Bumade, près de Gaugamèle, village voisin d'Arbèles. La défaite de Darius est complète et il est obligé de s'enfuir dans les montagnes de l'Arménie. Alexandre, par des marches d'une extraordinaire rapidité, se rend alors maître des grandes capitales de l'empire. Le royaume de Perse semble moins le prix de la victoire que celui de la course. Babylone, Suze, Persépolis, Ecbatane tombent au pouvoir d'Alexandre. Il se met ensuite à la poursuite de Darius que Bessus et Nabarzane assassinent dans l'espoir de lui succéder, 330. Ils ne font qu'assurer le trône de Perse à Alexandre et lui donner l'occasion de s'honorer par les funérailles magnifiques qu'il fait faire à son ennemi vaincu. La monarchie persane avait duré 206 ans.

Alexandre était aussi heureux en Europe. Un soulèvement des Thraces avait échoué contre la vigilance d'Antipater. Les Lacédémoniens qui, soudoyés par Darius, avaient pris les armes, venaient d'être écrasés à Mégalopolis, 330, et leur roi Agis avait péri. La suprématie d'Alexandre sur la Grèce était à jamais affermie.

DIX-NEUVIÈME LEÇON.

Depuis la mort de Darius jusqu'à l'expédition d'Alexandre dans l'Inde, 350-327.

Alexandre avait encore à conquérir la moitié de l'empire persan. Il se met à la poursuite des meurtriers de Darius, subjugue en courant la Parthie et l'Hyrcanie, que lui remet

Nabarzane, le pays des Mardes, l'Arie et la Drangiane. Là,
il est un moment arrêté par la conspiration de Dymnus et de
quelques Macédoniens qu'irritent les changements survenus
dans ses habitudes, son costume et ses manières depuis qu'il
est devenu le successeur de Darius. La condamnation de Phi-
lotas, comme complice de Dymnus, et l'assassinat de Parménion,
que Quinte-Curce impute à Alexandre, prouveraient qu'avec
les usages des Perses il a déjà pris les habitudes despotiques et
sanguinaires de leurs rois.

Alexandre marche alors contre Bessus, qui a ceint la tiare et
revêtu la pourpre en Bactriane. Il traverse l'Arachosie, le pays
des Arimaspes et la chaîne du Paropamisus où il fonde Alexandrie du Caucase. Arrivé en Bactriane, il s'empare de la forteresse d'Aorne et de la ville de Bactres ; enfin il pénètre au-delà
de l'Oxus pour recevoir Bessus des mains de Spitamène et lui
faire subir le dernier supplice.

Cependant la possession de la Bactriane et de la Sogdiane
devait coûter encore bien des effor's aux Macédoniens. Elles
se révoltèrent, et Spitamène, envoyé pour les soumettre, se
mit à la tête de la rebellion. Alexandre s'empare de Cyropolis,
pendant que Ménédème assiége Spitamène dans Maracanda.
Les Sogdiens paraissent domptés. Mais Alexandre en élevant
une troisième Alexandrie sur le Iaxarte, *Alexandreschata*,
s'attire une guerre avec les Scythes, et aussitôt une nouvelle
révolte éclate en Sogdiane et en Bactriane. Pour la première
fois depuis son entrée en Asie, Alexandre se trouve en danger.
Il bat les Scythes sur leur territoire, et pendant que ses généraux
combattent les Massagètes et les Dahes, il comprime trois sou-
lèvements de la Bactriane et de la Sogdiane, détruit Cyropolis et
la ville des Mémacéniens et s'empare de Pétra-Oxiana et du roc
Chorième. Enfin, la mort de Spitamène, qui est assassiné par les
Dahes, met fin à la guerre, 327. Alexandre complète la soumission du pays par la construction de six forts dans la Margiane.
Ces nouveaux succès portent au comble l'orgueil de ce prince, et
c'est à la fin de cette expédition que dans un accès d'ivresse il
tue à Maracanda Clitus qui a osé mettre au-dessus de lui son
père Philippe. D'un autre côté, le mariage d'Alexandre avec
Roxane, fille d'un seigneur persan, et l'admission des vaincus
dans l'armée excitent le mécontentement des Macédoniens : le
jeune Hermolaüs forme une conspiration qui est découverte et
punie. Alexandre y implique le philosophe Callisthènes, qui
n'a pas voulu s'humilier devant lui. Ainsi, Alexandre est dé-

cidément devenu un roi de l'Orient; son ambition ne connaît plus de bornes et il conçoit le projet de pénétrer dans l'Inde sur les traces de Bacchus et de Sémiramis, 327.

VINGTIÈME LEÇON.

Depuis l'entrée d'Alexandre dans l'Inde jusqu'à sa mort, 327-323.

Alexandre se trouvait alors à la tête de cent vingt mille hommes ; mais il avait affaire aux nations les plus belliqueuses de l'Inde et trouvait des obstacles presque insurmontables dans la nature du pays, hérissé de montagnes et entrecoupé par de grands fleuves. Sa marche ne fut qu'une suite de combats dangereux et de victoires peu utiles.

Il détruit la première ville qu'il rencontre, la capitale des Aspiens, réduit Nyse à capituler, passe le Choaspe, prend Massaga où régnait la reine Cléophis, le rocher d'Aorne et Embolyme, et arrive à l'Indus qu'il traverse.

Le roi Taxile fait sa soumission ; Porus s'avance avec cinquante mille hommes, pour défendre le passage de l'Hydaspe. Alexandre le bat quoique avec peine, construit Nicée et Bucéphalie sur l'Hydaspe, passe l'Acésine et l'Hydraote, défait les Cathaïes, les Malliens, et ruine Sangale. Il arrive enfin sur les bords de l'Hyphase, 326. Là, ses soldats effrayés par ce qu'on leur raconte de la force des Gangarides l'obligent à revenir sur ses pas. Après avoir bâti douze autels sur les bords de l'Hyphase, il ramène son armée jusqu'à l'Hydaspe qu'il redescend jusqu'au confluent de ce fleuve avec l'Indus. Sur sa route, il a soumis les Malliens et les Oxidraques. Après s'être arrêté un moment sur les bords de l'Indus dans le pays des rois Musican et Samus, il continue sa route jusqu'à Patale et arrive à l'Océan indien où il éprouve pour la première fois le phénomène du flux et du reflux.

Il commence alors sa retraite, octobre 325. Pendant que son amiral Néarque suit les côtes de la mer, il traverse la Gédrosie, la Caramanie, la Perse et la Suziane. Dans ces provinces, il a puni ses gouverneurs coupables de concussions : Harpalus, gouverneur de Babylone, s'enfuit en Grèce. Enfin il arrive, en février 324, dans la Babylonie où Néarque le rejoint bientôt après avoir suivi les côtes jusqu'à l'embouchure du Tigre.

Malgré les folies qui, selon quelques historiens, signalent alors la conduite d'Alexandre, il faut reconnaître que jamais son génie n'enfanta de plus magnifiques desseins. Il fait reconnaître les côtes méridionales du golfe Persique, restaure le canal Pallacopas et ouvre partout de nouvelles voies au commerce. Il ordonne aussi de relever le temple de Bélus. Il comble de bienfaits ses nouveaux sujets, et malgré l'opposition des Macédoniens, il en incorpore trente mille dans ses troupes. Il cherche à les régénérer en leur faisant part de la civilisation grecque, et il essaie d'opérer entre l'Orient et l'Occident une fusion que commencent son mariage avec Statira, fille de Darius, et celui de dix mille Grecs ou Macédoniens avec des femmes persanes. Ses idées s'étendaient plus loin et il songeait à opérer une transmigration considérable d'Européens en Asie et d'Asiatiques en Europe. Les nombreuses colonies qu'il établit en Asie semblent l'exécution du premier de ces deux projets; elles assuraient du reste la soumission du pays. La puissance d'Alexandre était au comble. Harpalus avait en vain essayé de soulever la Grèce et Alexandre venait de se créer un parti dans chaque cité en faisant rentrer dans leur patrie tous les bannis au nombre de vingt mille. C'est alors qu'après avoir dompté les Cosséens, il rentre à Babylone. Pendant un an, il médite de nouveaux projets et entr'autres celui de conquérir l'Occident tout entier. Il meurt alors des suites de ses fatigues et de ses débauches, 323, également regretté de ses nouveaux et de ses anciens sujets.

VINGT-UNIÈME LEÇON.

Considérations sur l'état intérieur de la Grèce sous les dominations successives des Athéniens, des Spartiates, des Thébains et des Macédoniens. Etat de l'empire d'Alexandre à sa mort.

VINGT-DEUXIÈME LEÇON.

Histoire des successeurs d'Alexandre,

Depuis la mort d'Alexandre jusqu'à la mort d'Antipater,
323-321.

Après la mort d'Alexandre, sa famille conserva le trône.

Philippe Arrhidée, son frère, fut proclamé roi avec Alexandre Aigus qui naquit un mois après de Roxane. Quant aux généraux qui auraient voulu démembrer à leur profit l'empire du conquérant, ils devinrent gouverneurs des provinces sous l'autorité suprême du régent Perdiccas.

La régence de Perdiccas dura deux ans. Pendant cet espace de temps, quelques-uns des peuples soumis par Alexandre essaient en vain de s'affranchir. Les Grecs établis dans la Haute-Asie, 323, Ariarathe, roi de Cappadoce et les villes de Pisidie, 322, prennent successivement les armes et n'éprouvent que des défaites. — La guerre Lamiaque qui éclate en Grèce est d'abord plus heureuse : les révoltés conduits par l'Athénien Léosthènes, battent Antipater et l'assiègent dans Lamia. Léonat qui marche à son secours est vaincu et tué par Antiphile, successeur de Léosthènes. Mais Cratère arrive avec des forces considérables. Pendant que Clitus détruit la flotte des confédérés, ceux-ci sont battus à Cranon. La ligue est dissoute, les Grecs obligés de reconnaître de nouveau la domination macédonienne, Démosthènes réduit à s'empoisonner, les Athéniens soumis à un gouvernement aristocratique, 322.

Cependant l'ambition de Perdiccas commençait à inquiéter les autres généraux ; l'assassinat de Méléagre et l'accusation portée devant l'armée contre Antigone et Ptolémée déterminent la formation d'une ligue entre ces derniers, Cratère et Antipater, 321. Le régent n'a d'autre appui que son frère Alcétas et qu'Eumène, le seul des généraux qui fût réellement dévoué à la famille d'Alexandre. Eumène chargé de défendre l'Asie-Mineure, triomphe deux fois en Cappadoce de Néoptolème et de Cratère qui périssent tous deux. Mais Perdiccas ayant voulu aller lui-même combattre Ptolémée en Egypte, éprouve un échec à la suite duquel il est tué par ses soldats, 320.

Les ennemis de Perdiccas conservant l'ordre de choses établi précédemment, donnent la régence à Pithon et Arrhidée. Ils proscrivent Eumène et ses partisans et font à Trisparadis un nouveau partage des provinces. Pithon et Arrhidée abdiquant la régence, elle est donnée à Antipater. Ce nouvel arrangement préparait de graves dissensions : Antipater ne put s'entendre avec Olympias et la famille royale fut partagée entre ces deux rivaux. Cependant Eumène avait été vaincu par Antigone, à Orcynium, et forcé de s'enfermer dans Nora. Antipater se rapprocha de lui : il songeait sans doute à s'en faire un appui contre les autres généraux et à reprendre les projets de Perdiccas, quand il mourut tout-à-coup, avant même qu'une ligue se fût formée contre lui, 320.

VINGT-TROISIÈME LEÇON.

*Depuis la mort d'Antipater jusqu'à l'élévation d'Antigone,
520-516.*

Le troisième régent après Perdiccas, fut Polysperchon qu'Antipater avait désigné au détriment de son propre fils Cassandre. Celui-ci s'entend bientôt avec Antigone et Ptolémée contre Polysperchon. Le régent, à l'exemple de ses prédécesseurs, s'assure de la fidélité d'Eumène et il lui confie le soin de combattre Antigone et Ptolémée en Asie, tandis que lui-même tiendra tête à Cassandre en Macédoine et en Grèce.

Polysperchon espérait s'attacher les Grecs en proclamant le rétablissement de leur liberté, les Macédoniens en rassemblant autour de lui la famille d'Alexandre. Ces deux ressources lui manquèrent également. Ses proclamations pour le rétablissement de la liberté en Grèce n'aboutirent qu'à une révolution passagère dans Athènes et à la mort de Phocion, 318; Nicanor, amiral d'Antigone, ayant détruit la flotte royale, Cassandre rentra bientôt dans Athènes et lui donna pour administrateur Démétrius de Phalère. L'apparition de Polysperchon dans le Péloponèse lui valut d'abord quelques succès; mais l'échec qu'il subit sous les murs de Mégalopolis les rendit inutiles. — Quant à la famille royale, elle se perdit elle-même par ses divisions. Olympias que Polysperchon ramène d'Epire avec l'armée du roi Æacide, fait périr avec le frère de Cassandre, Eurydice et Philippe Arrhidée. Cassandre l'assiége dans Pydna, fait exiler Æacide par ses sujets, chasse Polysperchon en Perrhœbie et s'empare d'Olympias qu'il met à mort, de Roxane et de son fils qu'il enferme dans Amphipolis, de Thessalonice qu'il épouse. Il descend ensuite dans la Grèce où il détruit le pouvoir de Polysperchon et de son fils Alexandre, 316.

En Asie, Eumène avait heureusement commencé la lutte contre Antigone. Il avait forcé les officiers Macédoniens à le reconnaître pour leur chef, quoique étranger, et attiré à lui les gouverneurs des provinces de second ordre. Il battit

Antigone sur le Pasitigre, 317, et fit contre lui plusieurs campagnes habiles dans la Mésopotamie et la Médie ; mais la jalousie de ses officiers parvint à soulever contre lui une partie de son armée. Après une bataille gagnée par lui dans le pays des Gabiéniens, il est livré à Antigone par les Argyraspides en échange de leur bagage tombé au pouvoir de l'ennemi. Il est aussitôt mis à mort, 316.

Ainsi les espérances de Polysperchon étaient détruites en Asie comme en Europe. Il fut dès-lors réduit au rôle le plus obscur et la puissance appartint en Europe à Cassandre, en Asie à Antigone.

VINGT-QUATRIÈME LEÇON.

Depuis l'élévation d'Antigone jusqu'à sa mort, 316-301.

Antigone voulait réunir sous sa domination tout l'empire d'Alexandre. Le meurtre de Pithon, la proscription de Séleucus et de quelques autres gouverneurs de la Haute-Asie, enfin la destruction des Agyraspides donnent la mesure de son ambition. De là une troisième ligue qui se forme entre Séleucus, Ptolémée, Lysimaque et les deux Cassandre, et une lutte de douze années qui peut se diviser ainsi : une guerre de trois ans, suivie d'une paix aussi longue, suivie elle-même d'une guerre qui dure six années.

Antigone s'allie aux Ætoliens, 314. Il se proclame le défenseur de Roxane et d'Alexandre Aigus. Tandis que ses généraux soumettent toute la Grèce à l'exception de Mégare, d'Athènes et de la Thessalie, 314-312 ; il triomphe en Asie par lui-même. Il s'empare de Tyr après quinze mois de siége, 313, et malgré la défaite de son fils Démétrius à Gaza, 312 ; il enlève à Ptolémée la Palestine, la Phénicie et la Syrie. Il bat en Asie Mineure Ptolémée, Lysimaque, Cassandre de Carie, 311, et dépouille ce dernier de sa province. Seul Séleucus lui résiste avec succès et après s'être emparé de la Médie et de la Suziane rentre triomphant à Babylone, 311 (*ère des Séleucides*, 312). La paix se conclut cette année même à l'avantage d'Antigone.

Mais le traité n'est pas exécuté. Cassandre en faisant périr Roxane, Alexandre Aigus et le jeune Hercules que lui livre Polysperchon, 310, s'assure la possession de la Macédoin-

et fait quelques progrès dans la Grèce centrale. De son côté, Ptolémée achève la conquête de Cypre, 310, et les victoires de Séleucus le rendent maître en 3o8 de toutes les provinces comprises entre l'Euphrate, l'Indus et l'Oxus.

Antigone menacé par les progrès de ses ennemis, somme Cassandre de rendre la liberté aux villes grecques. Une quatrième ligue se forme aussitôt dans laquelle entrent Lysimaque, Cassandre, Séleucus et Ptolémée, 3o8. Ptolémée commence les hostilités par une expédition en Asie Mineure et en Grèce. Antigone envoie dans ce dernier pays son fils Démétrius qui s'empare d'Athènes et met fin à la domination de Démétrius de Phalère. Il attaque ensuite l'île de Cypre et remporte sur Ptolémée à la hauteur de Salamine, une victoire à la suite de laquelle Antigone et lui prennent le titre de rois, 3o7, exemple bientôt suivi par leurs rivaux. Antigone et son fils font en 3o6 une tentative malheureuse sur l'Egypte, et l'année suivante, 3o5, Démétrius échoue au siége de Rhodes qui lui mérite le surnom de *Poliorcètes.* — Cependant Séleucus s'est affermi dans la Haute Asie et dans une guerre contre l'Indien Sandrocottus, il a pénétré jusqu'au Gange, 3o5. De son côté, Cassandre a conquis presque toute la Hellade et menace l'Asie Mineure. — Démétrius repasse en Grèce, 3o3, force Cassandre à lever le siége d'Athènes, le bat près des Thermopyles et délivre la Grèce de la domination de Ptolémée, de Cassandre et de Polysperchon. Il se fait proclamer, à l'isthme de Corinthe, généralissime des Grecs et il marche contre Cassandre, auquel il enlève une partie de la Thessalie. Mais au moment d'entrer en Macédoine, il est tout à coup rappelé par son père que pressent de deux côtés les alliés de Cassandre, 3o2. Pendant que Ptolémée attaque la Syrie, Lysimaque et Séleucus remportent à Ipsus, en Phrygie, une victoire signalée, 3o1. Antigone est tué, son royaume partagé par les vainqueurs et l'empire d'Alexandre à jamais divisé.

VINGT-CINQUIÈME LEÇON.

Depuis la mort d'Antigone jusqu'à la mort de Séleucus,
501–281.

Le partage de 3o1 n'est pas définitif. La paix sera encore troublée : 1° par les efforts de Démétrius Poliorcètes pour reconquérir le royaume de son père ; 2° par l'ambition de Lysimaque et de Séleucus.

Démétrius s'était réfugié en Grèce. Il voit bientôt se rapprocher de lui Séleucus qui, mécontent de Lysimaque et de Ptolémée, lui demande sa fille Stratonice en mariage. Démétrius enlève la Cilicie au frère de Cassandre ; il retourne ensuite en Grèce, chasse d'Athènes le tyran Léocharès, 297, et s'empare de la plus grande partie du Péloponèse. Il perd ses possessions d'Asie ; mais il profite des révolutions qui agitent la Macédoine depuis la mort de Cassandre, 298, et de son fils aîné Philippe, 297, pour enlever ce royaume à ses autres fils Antipater et Alexandre. Proclamé roi par l'armée Macédonienne, il étend encore sa domination en Grèce ; mais il trouve un rival redoutable dans le brillant Pyrrhus II, roi d'Epire, qui lui enlève la Thessalie, l'Ætolie et gagne l'affection des Macédoniens. Les hauteurs de Démétrius lui aliènent tous les cœurs. C'est en ce moment qu'il a l'imprudence de songer à reconquérir les états de son père, 288. Une ligue se forme contre lui. Pendant que Ptolémée l'attaque en Grèce, Pyrrhus et Lysimaque pénètrent en Macédoine. Démétrius, abandonné par ses soldats, 287, s'enfuit avec son fils Antigone Gonatas dans la Hellade et de là dans le Péloponèse. Pyrrhus le poursuit et sur son passage rétablit à Athènes l'archontat. Démétrius tente alors, avec douze mille hommes, un effort désespéré sur l'Asie ; mais il est battu en Syrie par Séleucus, 284, et enfermé dans une maison royale où il meurt trois ans après, 281.

Cependant Lysimaque et Pyrrhus, qui ont partagé la Macédoine, 287, se la disputent l'année suivante, 286. Lysimaque l'emporte. Il attaque Séleucus en 282 ; mais il est tué à Cyropedion, et Séleucus, qui mérite le surnom de Dernier-Vainqueur, *Nicator*, se trouve maître de tout l'empire d'Alexandre, excepté la Grèce et l'Asie. Il est assassiné à Lysimachie, dans la Chersonèse de Thrace, par Ptolémée Céraunus, 281, qui s'empare de la Thrace et de la Macédoine. Son fils Antiochus, auquel il a cédé, dès 294, la Haute-Asie avec la main de Stratonice, lui succède sur le continent asiastique.

Les royaumes formés des débris de l'empire d'Alexandre sont alors réduits à trois et ne seront plus réunis. Nous pourrons étudier à part l'histoire de chacun d'eux.

VINGT-SIXIÈME LEÇON.

Histoire de la Macédoine, de la Grèce et de la Thrace,

Depuis la mort de Séleucus jusqu'à la fin de l'invasion gauloise,
281-277.

La Grèce et la Macédoine continuent à être agitées par de sanglantes révolutions et en même temps elles sont en proie aux invasions des Gaulois.

Ptolémée Céraunus, en dédommageant deux de ses rivaux, Antiochus I et Pyrrhus II, et en battant le troisième, Antigone de Goni, semblait s'être assuré la possession tranquille de la Macédoine. Tout-à-coup on annonce une invasion des Gaulois qui jusqu'alors ne s'étaient jamais avancés jusqu'aux frontières de Macédoine.

En 281, Cambaules pénètre en Thrace avec une bande peu nombreuse de barbares. L'année suivante, 280, triple expédition : Brennus (*Brenn*), général des Gaulois, envoie Belgius et Céréthrius ses lieutenants, le premier en Illyrie et le second en Thrace, tandis que lui-même avec Acichorius marche droit sur la Macédoine où il leur donne rendez-vous. Belgius arrive le premier en Macédoine et bat Céraunus qui périt dans le combat. Méléagre, frère de Céraunus, et Antipater l'Etésien, fils de Cassandre, ne peuvent arrêter ses progrès ; mais il est battu par Sosthènes, 279, et contraint à la retraite.

Cependant Brennus, arrêté pendant cette campagne dans les montagnes qui défendent la Macédoine au Nord, remet son expédition à l'année suivante. Il arrive alors avec une armée de deux cent quarante mille hommes, écrase Sosthènes, 278, ravage la Thessalie, et tandis que Luther et Léonor vont rejoindre Céréthrius en Thrace, il descend jusqu'aux Thermopyles avec le gros de son armée. Il trouve le défilé gardé par les troupes de six peuples de la Grèce centrale, sous les ordres de l'Athénien Callipe. Brennus fait opérer, en Ætolie, par Combutis, une diversion qui prive l'armée grecque de sa meilleure infanterie. Il tourne ensuite le défilé par le sentier de Xercès et pénètre jusqu'à Delphes. Mais un tremblement de terre et un ouragan terrible portent le désordre dans son armée. Il est battu, et après avoir reconduit ses troupes au-delà des Thermopyles, il se donne la mort. Les Gaulois opèrent leur retraite au milieu des dangers, et bien qu'Antigone

Gonatas ait battu une division laissée par Brennus en Macédoine, ils parviennent à retourner chez eux avec leur butin. Quelques-uns s'établissent au pied du mont Scordus ; d'autres retournent dans leur pays ; d'autres enfin se dirigent vers la Thrace sous la conduite de Comontor.

La Thrace avait été horriblement dévastée par Cambaules, Céréthrius, Luther et Léonor. Ceux-ci se déterminèrent à passer en Asie. La Thrace n'en fut pas moins détachée de la Macédoine et Comontor y établit une domination qui dura plus d'un siècle.

VINGT-SEPTIÈME LEÇON.

Histoire de la Macédoine et de la Grèce,

Depuis la retraite des Gaulois jusqu'à l'apparition d'Aratus,
277–251.

Antigone Gonatas, devenu roi de Macédoine, après la mort de Sosthènes, 278, obtint, deux ans plus tard, d'Antiochus I, une renonciation formelle à tout droit sur son royaume. Mais Pyrrhus, revenu en Epire après six années de guerre en Italie et en Sicile, 280–274, débauche l'armée macédonienne, bat les auxiliaires Gaulois d'Antigone et se fait proclamer roi. Il se hâte aussitôt de courir à la conquête du Péloponèse. Antigone lui enlève une partie de la Macédoine et s'unit aux Péloponésiens. Pyrrhus échoue devant Sparte et périt à l'attaque d'Argos, 272. Sa mort rend la Macédoine à Antigone, qui la défend également avec succès contre les Gaulois, 269, contre les Spartiates que soutient Ptolémée, et contre Alexandre, fils de Pyrrhus, qui est non-seulement chassé de la Macédoine, mais dépouillé de l'Epire, 267. Il songe en même temps à étendre sa domination sur tout le continent hellénique.

Parmi les peuples grecs, il y en avait deux, les Spartiates et les Ætoliens, qui avaient conservé leur liberté même au temps de Philippe et d'Alexandre. Les autres avaient successivement reconquis la leur. Ainsi la ruine de Démétrius Poliorcètes avait affranchi la Béotie, l'Attique, 287, et la Thessalie, 286. Les difficultés que rencontra Antigone Gonatas à son avènement rendirent le même office à la Locride, à la Phocide, à la Mégaride et à la ligue Achéenne ; enfin, la mort de Pyrrhus délivra Argos, 272. A cette époque, Antigone ne possédait plus en Grèce que l'Eubée, Corinthe et quelques petites villes du Péloponèse.

Ainsi, en 272, la Grèce était affranchie de nouveau ; mais sa liberté était menacée par trois ambitions rivales, celles des Ætoliens, des Lacédémoniens et d'Antigone.

Celui-ci s'empare d'Athènes en 268, et quand il a triomphé d'Alexandre, fils de Pyrrhus, 267, il soumet Mégare, la Phocide et la Locride ; enfin il s'empare, en 251, de l'Acrocorinthe. Quant aux Spartiates, leur ambition est déconcertée par deux défaites qu'ils éprouvent sous les murs de Corinthe, 266, et de Mégalopolis, 265. Mais les Ætoliens dominent l'occident de la Grèce ; ils se liguent avec Alexandre que les Acarnaniens ont rétabli dans son royaume d'Epire pour subjuguer l'Acarnanie, 265, et ils préludent à la conquête du Péloponèse par des incursions répétées dans l'Elide, la Messénie, la Laconie et par une tentative sur Sicyone, 251. Tel était l'état de la Grèce lorsque parut Aratus.

VINGT-HUITIÈME LEÇON.

Depuis la délivrance de Sicyone par Aratus jusqu'à la mort de Démétrius, 251-233.

Aratus délivre Sicyone, 251, et la réunit à la ligue achéenne qui acquiert ainsi quelque importance. A l'âge de vingt ans, il est élu stratége des Achéens, et dès-lors il forme le projet de réunir dans une vaste confédération toute la Grèce centrale et méridionale. Il s'unit aux Béotiens, le seul peuple resté libre dans la Hellade, contre les Ætoliens, alliés d'Antigone ; mais les Béotiens sont battus à Chéronée et forcés d'accéder à la ligue Ætolienne.

Après cet échec, Aratus reste huit ans dans l'obscurité, jusqu'à ce que, élu stratége pour la seconde fois, il surprenne Corinthe, 243 ; il s'empare encore de Mégare, de Trézène, d'Epidaure et pille Salamine. Il fait nommer Ptolémée Evergète généralissime des Achéens ; mais c'est lui qui est l'âme de la ligue dont il est tous les deux ans régulièrement élu stratége.

C'est alors qu'il faut placer quelques entreprises sans dates précises contre Athènes et contre les tyrans d'Argos, Aristomaque I, Aristippe, qu'il bat deux fois, et Aristomaque II. Celui-ci essaie de faire assassiner Aratus, et n'y pouvant parvenir, s'allie contre la ligue achéenne aux Ætoliens et au roi de Macédoine.

Mais Antigone meurt en 243, et des révoltes éclatent contre

son successeur Démétrius. Quand les Ætoliens envahissent le Péloponèse, 238, Aratus est secouru par le jeune roi Agis qui vient de rétablir à Sparte les lois de Lycurgue. L'année suivante, 237, la mort d'Agis prive les Achéens d'un allié puissant ; mais Lysiade, tyran de Mégalopolis, a réuni sa ville à la ligue achéenne, et les Ætoliens, en enlevant au jeune Pyrrhus, roi d'Epire, ses possessions en Acarnanie, s'attirent les armes de Démétrius. Celui-ci leur enlève la Béotie, 237. Aratus intervient alors et sauve de leur ruine les Ætoliens qui s'unissent étroitement à la ligue achéenne. Cependant il échoue dans une nouvelle tentative sur Athènes et se fait battre par Bithis, lieutenant de Démétrius. La ligue achéenne ne fait aucun progrès jusqu'à la mort de Démétrius qui arrive en 233.

VINGT-NEUVIÈME LEÇON.

Depuis la mort de Démétrius jusqu'à la bataille de Sellasie,
233-222.

Le fils de Démétrius, Philippe III, était un enfant qui fut placé sous la tutelle de son oncle Antigone Doson. Les Macédoniens se révoltèrent contre lui, pendant que les Dardaniens attaquaient la Macédoine et que les Grecs alliés secouaient le joug. Antigone Doson réprima les révoltes, repoussa les Dardaniens et maintint dans la soumission la Thessalie, la Phocide et la Béotie. Mais Athènes s'unit à la ligue achéenne et quelques tyrans du Péloponèse furent obligés d'en faire autant : Aristomaque II d'Argos, Xénon d'Hermione, Cléonyme de Phlius ; et la ligue accrue de presque tous les peuples du Péloponèse, resserra son alliance avec les Ætoliens. Ainsi, en 229, au moment où les Romains mirent pour la première fois le pied en Illyrie, la Péninsule hellénique était partagée en deux grands systèmes, l'un monarchique au nord, l'autre fédératif au sud, tous deux également puissants et capables de résister, s'ils restaient unis, aux envahissements de la nouvelle puissance qui menaçait alors la liberté du monde. Mais l'ambition des Ætoliens, les prétentions de Sparte au commandement du Péloponèse et surtout la jalousie d'Aratus ramènent alors dans la Grèce les dissensions et la faiblesse.

Cléomène, fils de Léonidas, lui avait succédé en 235 comme seul roi de Sparte. Il voulut exécuter la réforme projetée par Agis, et dans l'espoir de se faire un appui des soldats et surtout des mercenaires, il saisit l'occasion d'une guerre que lui offrit Aratus en attaquant l'Arcadie spartiate, 225. Vainqueur d'Aratus près du mont Lycée et de Mégalopolis, Cléomène s'allie secrètement aux Ætoliens et au roi de Macédoine contre la ligue achéenne. Il revient alors à Sparte où il opère par la violence une révolution, 224, et remet en honneur les lois de Lycurgue. Il rend ainsi à Sparte sa force militaire, et par l'espoir d'une abolition générale des dettes et du partage des terres, il se fait un parti dans les autres villes du Péloponèse. Il reprend bientôt les armes contre les Achéens, auxquels il enlève plusieurs villes en Arcadie et en Elide et qu'il défait près de Dymes. Il offre alors de restituer ses conquêtes si on veut le nommer généralissime de la ligue : Aratus appelle les Macédoniens à son secours. Cléomène, poursuivant le cours de ses succès, enlève à la ligue Corinthe et plusieurs autres villes ; les Ætoliens se déclarent ouvertement pour lui, et Athènes abandonne les Achéens. Aratus fait alors déclarer Antigone Doson généralissime de la ligue et s'engage à lui livrer Corinthe. Antigone s'empare de Corinthe, d'Argos et d'autres villes, 223, pendant que Cléomène ruine Mégalopolis. Au printemps suivant, 222, Antigone écrase, près de Sellasie, l'armée de Cléomène et s'empare de Sparte. La domination Macédonienne est rétablie dans la plus grande partie de la Grèce et le serait peut-être sur le reste sans une invasion d'Illyriens qui force Doson à regagner la Macédoine.

TRENTIÈME LEÇON.

Depuis la bataille de Sellasie jusqu'à la conquête romaine,
222-146.

Antigone Doson mourut un an après la bataille de Sellasie, 221 : Philippe III n'avait encore que seize ans. Aussitôt les Ætoliens renouvellent secrètement leur alliance avec Lacédémone contre la ligue achéenne. Malgré la défection des Messéniens, les Ætoliens, commandés par Scopas, attaquent les Achéens et les battent près de Caphyes. Aratus appelle Philippe à son secours, 220. Il obtient de celui-ci que Sparte soit épargnée ; mais il fait décréter contre les Ætoliens, par l'assemblée de Corinthe, une guerre appelée guerre des deux ligues.

Elle dure trois années, de 220 à 217. Les Ætoliens sont soutenus par les Ambraciens, les Eléens, par Lycurgue, qui vient d'usurper le trône de Sparte sur la maison d'Hercules, 220, et favorisés par les entreprises des Dardaniens sur la Macédoine, ainsi que par la trahison des ministres de Philippe III. Mais celui-ci a pour lui presque toute la Grèce ; il s'empare d'Ambracie, d'une partie de l'Elide, de Thermus, capitale de l'Ætolie, de Thèbes de Phthie en Thessalie ; il pénètre en Laconie et bat deux fois Lycurgue. Les ennemis de Philippe sont réduits à demander la paix, 217. Peut-être pouvait-il, en poussant ses avantages, réunir toute la Grèce sous sa domination et la rendre ainsi capable de résister aux Romains que la conquête de l'Illyrie, 219, vient de mettre en contact avec elle. Mais Aratus voulant se ménager une ressource contre le roi de Macédoine, use auprès de lui de son influence pour lui faire épargner les Ætoliens et les Spartiates. Les Athéniens conservent aussi leur indépendance. Ainsi la prudence d'Aratus et son amour pour la liberté mettent obstacle à l'unité de la Grèce au moment où elle a besoin de toutes ses forces pour défendre son indépendance contre l'ambition menaçante de Rome.

En 215, après la bataille de Cannes, Philippe s'allie au Carthaginois Annibal contre les Romains. Depuis ce moment, l'histoire de la Macédoine et de la Grèce est inséparable de celle de Rome. La Macédoine resta indépendante pendant tout le règne de Philippe III, et celui de son fils Persée, 178-167 ; mais après la défaite de ce dernier à Pydna, elle fut complètement soumise à l'influence des Romains qui en firent une tétrarchie jusqu'au moment où la révolte d'Andriscus, prétendu fils de Persée, 152-148, leur donna un prétexte pour la réunir à leur empire. — Malgré les efforts des stratéges de la ligue achéenne et surtout de Philopœmen, la Grèce était depuis longtemps soumise de fait à la domination de Rome. Après les batailles de Scarphée et de Leucopetra et la destruction de Corinthe, la Grèce fut, sous le nom d'Achaïe, réduite en province romaine, 146, deux ans après la Macédoine et l'année même de la destruction de Carthage.

TRENTE-UNIÈME LEÇON.

Fin de l'Histoire des colonies grecques de l'Occident

Sicile et Grande-Grèce. — Pendant les vingt années qui suivirent la mort de Timoléon, 337-317, la tranquillité de Syracuse fut troublée par des guerres avec Agrigente et par l'usurpation de Sosistrate. En 317, Agatocles succède à ce dernier. Il reprend les projets des deux Denys, s'empare des principales villes grecques de la Sicile et attaque les Carthaginois. Battu par eux en 310 et assiégé dans Syracuse, il a l'audace d'aller les attaquer dans l'Afrique même. Il détache de Carthage deux cents villes, ses tributaires, remporte deux victoires et augmente ses troupes de celles d'Ophellas, roi de Cyrène, son allié, qu'il assassine, 311-307. En même temps, ses lieutenants repoussent les Carthaginois des murs de Syracuse. Mais la révolte d'Agrigente force Agatocles à repasser en Sicile. Pendant son absence, son armée d'Afrique éprouve des revers; à son retour, il est lui-même battu, 307, et abandonnant ses troupes, s'enfuit lâchement à Syracuse. L'année suivante, 306, il traite avec Carthage que dès-lors il n'attaque plus. Il consolide sa tyrannie par la destruction du parti de Dinocrate et dirige tous ses efforts contre les villes de la Grande-Grèce jusqu'au moment où il est empoisonné par Archagate, son petit-fils, et Ménon, 289.

Les expéditions d'Agatocles dans la Grande-Grèce n'avaient eu, comme celles des deux Denys, d'autre résultat que d'affaiblir les colonies grecques de ce pays, déjà en décadence, et de faciliter la conquête romaine. Les Romains, en effet, maîtres de la Campanie en 345, commencèrent aussitôt à attaquer la Grande-Grèce; après la soumission des Samnites, les colonies grecques furent sérieusement menacées. Tarente appela à son secours Pyrrhus II, roi d'Epire, 280. Malgré les victoires d'Héraclée, 281, et d'Asculum, 279, Pyrrhus se trouva heureux que les Syracusains, en l'appelant à leur secours, lui fournissent un prétexte honorable de quitter l'Italie.

Les assassins d'Agatocles n'avaient pas profité de leur crime : Icétas rétablit la démocratie, 289, et gouverna neuf années comme général. Tynion, qui le dépouille, 280, trouve un rival dans Sosistrate. En même temps, les Carthaginois prennent les armes. Pyrrhus, qui arrive alors à Syracuse, 278, délivre la Sicile des attaques des Carthaginois et des brigandages des Mamertins; mais sa tyrannie le fait haïr. Il est obligé de repasser en Italie, 276, et deux ans plus tard, vaincu par les Romains, il retourne en Grèce, 274.

Après sa retraite, l'Italie méridionale tombe toute entière sous le joug de Rome. Quant à Syracuse, elle donne le généralat à Hiéron, 275, qui, après avoir battu les Mamertins, est reconnu roi de Sicile, 269. Hiéron, placé entre les Carthaginois et les Romains qui se disputent l'empire du monde, s'unit d'abord aux premiers. Vaincu avec eux en 264, il entre dans l'alliance de Rome à laquelle il est fidèle jusqu'à sa mort, 215. En 241, les Romains étaient devenus maîtres de la Sicile Carthaginoise. Ils profitèrent des troubles qui suivirent l'assassinat d'Hiéronyme, petit-fils d'Hiéron, et de l'alliance que Syracuse contracta alors avec Carthage pour attaquer la Sicile qui fut déclarée province romaine après la prise de Syracuse par Marcellus, 212.

Gaule et Espagne. — Massilie, la première des colonies grecques établies en Gaule et en Espagne, s'était alliée aux Romains au commencement de la seconde guerre punique. Elle vécut libre, sous leur protection, jusqu'à ce que s'étant déclarée pour Pompée contre César, elle fut prise par celui-ci, 49, et d'alliée devint sujette de Rome.

Afrique. — La Cyrénaïque conquise par les Lagides après la mort d'Ophellas, 310, fut érigée en royaume par Ptolémée Physcon, 131, en faveur de son fils naturel Apion, qui la légua aux Romains, 97.

TRENTE-DEUXIÈME LEÇON.

Histoire du royaume d'Égypte,

Sous les Lagides (30ᵉ dynastie), 323-29.

1° période glorieuse, 323-222.

La dynastie des Lagides commence par trois règnes glorieux qui durent ensemble près d'un siècle.

Le premier est celui de Ptolémée I, surnommé Soter par les Rhodiens, qui, chargé du gouvernement de l'Égypte à la mort d'Alexandre, prit le titre de roi en 306. Ptolémée sut borner son ambition et ne se mêla aux querelles des successeurs d'Alexandre que pour s'assurer la possession de l'Égypte et de ses dépendances naturelles, la Cyrénaïque, Cypre et les trois provinces syriennes de Phénicie, Palestine et Cœlé-Syrie. Il s'attacha le cœur des Egyptiens par sa bonne administration. Alexandrie, lieu de sépulture de son fondateur, devint, par les soins de Ptolémée, la plus belle ville de l'Égypte et le centre du commerce et de la civilisation. Un an après avoir introduit en Egypte le culte de Sérapis, 286, Ptolémée abdiqua en faveur de son second fils Philadelphe, à l'exclusion de l'aîné Céraunus, 285. Il vécut encore deux ans, assez longtemps pour voir sa mémoire honorée à l'égal de celle d'Alexandre.

Ptolémée II, 285-247, est ironiquement surnommé Philadelphe, à cause de ses cruautés envers ses frères Argène et Méléagre, et sa sœur Arsinoé. Comme son père, il encouragea le commerce ; comme lui, il protégea les lettres et les arts, fit faire la *version des Septante* et composer par Manéthon une histoire d'Égypte. Il conclut un traité d'alliance avec les Romains vainqueurs de Pyrrhus, 273, protégea les Grecs contre Antigone Gonatas et prévint une attaque d'Antiochus I, roi de Syrie, en l'attaquant lui-même.

Son fils Ptolémée III, Evergète I, 247-222, fut un prince conquérant qui porta ses armes jusqu'au fond de l'Éthiopie, attaqua ensuite les rois de Syrie, Antiochus I et Séleucus II, parvint jusqu'en Bactriane, et rendit à l'Égypte les images de ses Dieux que lui avait enlevées Cambyse. Il aida de ses trésors Aratus et se déclara le protecteur de la ligue achéenne. Cléomène, vaincu, trouva un asyle à sa cour.

2° COMMENCEMENT DE LA DÉCADENCE, 222-146.

La décadence de l'Egypte commence sous les trois règnes suivants. Ptolémée IV, Philopator, 222-205, ainsi appelé, parce qu'on le soupçonna d'avoir empoisonné son père, fit périr sa mère Bérénice, son frère Magas et sa sœur Arsinoé, qui était aussi sa femme. Ses ministres Agatocles et Sosibius opprimaient le peuple ; ils réduisirent Cléomène à se donner la mort. Antiochus-le-Grand crut l'occasion favorable pour attaquer l'Egypte ; il s'empara des provinces Syriennes, 217 ; mais il fut battu à Raphia, près de Péluse, 216, sans que Philopator eût besoin des secours que lui offraient les Romains.

Philopator laissait un fils mineur, Ptolémée V, Epiphane, 205-181 ; la tutelle disputée par Agatocles et sa sœur, par le jeune Sosibius et par Tlépolème, finit par tomber entre les mains d'Aristomène, protégé des Romains, 196. Celui-ci assure son autorité en faisant périr les chefs des mercenaires grecs et en réprimant la révolte de Lycopolis. — Antiochus avait repris les armes en 198 ; Epiphane devint son gendre en 191, et offrit cependant ses secours aux Romains contre ce prince. Les révoltes de Saïs et de Naucratis signalent la fin de ce règne malheureux.

Une nouvelle minorité commence avec le règne de Ptolémée VII, Philométor, 181-146. La régence appartient d'abord à sa mère Cléopâtre, puis à Eulæus et Lenæus. Ceux-ci attaquent Antiochus Epiphane qui envahit l'Egypte, 170. Philométor est pris. Son frère Evergète gouverne jusqu'à sa délivrance et règne alors avec lui. Antiochus attaque de nouveau l'Egypte en 168; mais il est forcé d'en sortir par le Romain Popilius qui partage le royaume entre les deux frères. Sur la fin de sa vie, Philométor se mêla aux guerres civiles de la Syrie et périt des suites d'une blessure reçue sur l'Oronte, 146.

3° DÉCADENCE, 146-117.

Depuis l'avénement de Ptolémée VII, Evergète II, surnommé aussi Physcon, la décadence de l'Egypte s'accroît rapidement sous l'influence de causes puissantes : 1° l'excès de la centralisation, 2° la corruption des mœurs, 3° l'absence d'une loi de succession, 4° la coutume odieuse de marier ensemble les enfants du même prince, 5° enfin les intrigues de Rome qui finit par s'emparer de l'Egypte, en 29 av. J.-C.

Résumé de l'Histoire des Lagides pendant la 3e période.

TRENTE-TROISIÈME LEÇON.

Histoire du royaume de Syrie,

Sous les Séleucides, 312 - 64.

Si l'Egypte périt par l'excès de la centralisation, la Syrie dut sa ruine au défaut d'unité.

Séleucus I, Nicator, avait réuni sous sa domination presque toute l'Asie, la Macédoine et la Thrace, quand il fut assassiné à Lysimachie par Ptolémée Céraunus, 281. Son fils Antiochus I, Soter, renonça aux provinces d'Europe et laissa Ptolémée Soter s'emparer de la Palestine; mais son empire était encore trop vaste et composé de peuples trop différents pour qu'une même domination y subsistât longtemps. Son général Patrocle fut battu par Zipœtes, roi de Bithynie, et Nicomède, fils de ce dernier, appela en Asie les Gaulois établis en Thrace, 275. Antiochus, d'abord battu par eux près du mont Taurus, remporta ensuite quelques avantages, mais il perdit une partie de l'Asie-Mineure. Il ne fut pas plus heureux dans ses relations avec l'Egypte.

Antiochus II, Théos, 260-247, échoua dans ses expéditions contre Byzance et contre l'Egypte. Il ne put empêcher Arsace

et Tiridate de soustraire la Parthie à son obéissance, 255,
Théodote de se faire proclamer roi en Bactriane.

Laodice, seconde femme d'Antiochus II, l'avait empoisonné
pour lui substituer son fils Séleucus II, Callinicus. La première, Bérénice, appelle à son secours Ptolémée III, son
frère, qui parcourt l'Asie en vainqueur. En même temps
Séleucus était battu par le Parthe Arsace II (Tiridate), et par
son frère Antiochus Hiérax, révolté en Asie-Mineure avec
l'aide des Gaulois. Eumène, dynaste de Pergame, vainquit
Antiochus Hiérax, mais pour attaquer Séleucus, au moment
même où Ptolémée III reparaissait en Syrie. Séleucus mourut
au milieu de ces embarras, peut-être prisonnier des Parthes,
225.

Il laissait deux fils, Séleucus III, Céraunus, qui périt bientôt
assassiné par deux gaulois, 222, au moment où il allait attaquer leur pays et Antiochus III le Grand, qui, de tous les
Séleucides, régna le plus longtemps, 222-186. Il attaquait
la Cœlé-Syrie, quand il fut rappelé sur les bords du Tigre par
la révolte de Molon et d'Alexandre, que favorisait le premier
ministre Hermias. Il entreprit alors contre l'Egypte cette expédition que termina la bataille de Raphia, 216. A son retour,
il punit la révolte d'Achæus. Il ne peut ramener à l'obéissance
la Parthie et l'Hyrcanie, et finit par accorder à Euthydème
le titre de roi de Bactriane, mais il étend sa domination jusqu'à
l'Indus. Il attaque de nouveau l'Egypte, que Popilius le force
d'abandonner, 168. Enfin cédant aux conseils du Carthaginois
Annibal et de l'Ætolien Thoas, il ose attaquer les Romains
et débarque en Grèce, 190; mais il est obligé de fuir en
Asie. L'année suivante, le consul L. Scipion le bat près de
Magnésie, 189. Antiochus est forcé d'abandonner l'Asie jusqu'au Taurus. Peu après il pille le temple de Bélus à Elymaïs,
et indigne par là ses sujets qui l'assassinent, 186.

L'empire des Séleucides ne put jamais se remettre du coup
qui lui avait été porté à Magnésie. L'influence de Rome, les
attaques des Parthes, des révoltes continuelles, et surtout
celles des Juifs, augmentèrent sa faiblesse. Enfin des guerres
civiles déchirèrent ce malheureux pays jusqu'au moment où
il tomba entre les mains de Tigrane, roi d'Arménie, 85.
Ce prince soutint son gendre Mithridate-le-Grand contre les
Romains. Après sa défaite et celle du roi de Pont, la Syrie
fut réduite en province romaine, 64.

Résumé de l'Histoire des Séleucides, depuis 186 *jusqu'en* 64.

TRENTE-QUATRIÈME LEÇON.

Histoire des États secondaires de l'Asie.

TRENTE-CINQUIÈME LEÇON.

Histoire des Juifs,

Depuis la fin de la captivité de Babylone jusqu'à la révolte des Machabées. 536 – 168.

Cyrus met fin à la captivité de Babylone en 536 ; 42,360 Juifs retournent à Jérusalem sous la conduite du grand-prêtre Josué et de Zorobabel. Ils reconstruisent le temple malgré l'opposition des Samaritains, 516. Fidèles à Darius I (l'Assuérus du livre d'Esther)', et à ses successeurs, ils vivent heureux sous la domination de ces princes et le gouvernement de leurs grands-prêtres. En 454, Néhémie, officier d'Artaxercès I, rebâtit les murs de Jérusalem, tandis qu'Esdras remet en ordre les livres sacrés ; mais la sévérité de Néhémie amène une rupture complète avec les Samaritains qui bâtissent un temple à Garizim, 437. Jonathan ayant, en 397, assassiné son frère Jésus pour arriver au grand pontificat, le gouverneur de Syrie profite de cette circonstance pour imposer aux Juifs un tribut qu'ils paient jusqu'au temps du roi Ochus. Ils se laissent alors entraîner dans la révolte des provinces maritimes, 354 ; ils ne font que se précipiter dans de nouveaux malheurs.

Alexandre entre à Jérusalem en 333, sous le pontificat de Jaddus. Jérusalem lui fut fidèle, tandis que les Samaritains, révoltés en 332, étaient chassés de leur ville et réduits à se réfugier à Sichem.

Après la mort d'Alexandre, la Judée tomba en partage à Laomédon, 323. Ptolémée I s'en empara en 320, mais pour la perdre bientôt après, 314. Après la bataille d'Ipsus, 301, Séleucus Nicator s'empara de la Judée qu'il posséda jusqu'à sa mort, 281. Ptolémée la réunit alors de nouveau à l'Egypte qui la conserva près d'un siècle. Pendant ce laps de temps, les Juifs furent gouvernés par leurs grands-prêtres, dont les plus célèbres sont : Simon, 292 – 284, et son fils Onias, mort en 218. Ils augmentèrent la richesse matérielle du pays, mais ne purent empêcher l'invasion des mœurs étrangères, et par suite la formation de sectes hostiles : les Pharisiens, les Sadducéens, les Esséniens.

Antiochus-le-Grand s'empara de la Judée en 217 ; mais

Ptolémée Philopator la reprit après la bataille de Raphia : ce fut pour se venger des Juifs par des traitements révoltants. Aussi Antiochus n'eut-il pas de peine à réussir dans une nouvelle invasion, 203. Depuis ce moment la Judée fait partie, pour son malheur, de l'empire des Séleucides.

Séleucus IV, successeur d'Antiochus-le-Grand, se laisse tromper par Simon, ennemi du grand-prêtre Onias, et envoie son ministre Héliodore s'emparer des trésors du temple. Héliodore est frappé par la main de Dieu, 175, et la persécution éloignée. Mais Josué ou Jason, frère d'Onias, achète d'Antiochus IV le grand-pontificat. Il est supplanté par son ministre Ménélas, contre lequel les Juifs se révoltent. Jason rentre à Jérusalem, 170 ; mais aussitôt Antiochus la reprend, et à son retour de son expédition en Egypte, 168, il se venge sur les Juifs de l'affront que lui a fait Popilius. Le meurtre d'Eléazar, le supplice des sept Machabées et de leur mère, excitent une révolte. Nous sommes arrivés à l'époque la plus glorieuse de l'histoire juive, celle des Machabées.

TRENTE-SIXIÈME LEÇON.

Depuis la révolte des Machabées jusqu'à l'avénement d'Hérode,
168 – 40.

Mathatias, prêtre de la famille de Joarib, abandonne Jérusalem, se retire à Modin, et secondé par la secte des Assidéens, il commence la délivrance de la Judée. Judas le Machabée, son troisième fils, succède à son autorité, 166. Il bat successivement les généraux qu'Antiochus envoie contre lui, Apollonius et Séron, puis Nicanor et Gorgias en 166, Timothée et Bacchide en 165, en enfin Lysias. Il fait de nouveau la dédicace du temple. Mais pendant une expédition qu'il fait en Arabie, ses frères Azarias et Simon sont battus devant Jamnia. Judas rétablit les affaires des Juifs et repousse Antiochus V qui l'attaque en personne. Peu après, il bat et tue près de Béthoron, Nicanor, général de Démétrius Soter, 161. C'est alors qu'il s'allie aux Romains. Démétrius envoie contre lui une nouvelle armée commandée par Bacchide et Alcime : Judas l'attaque avec une poignée d'hommes et meurt enseveli dans son triomphe, 161.

Jonathas, son frère, obtient de Démétrius, que menace Alexandre Bala, la paix et la permission de rentrer à Jérusalem, 153. Recherché par Alexandre Bala, il reprend la forteresse d'Acra ; mais il est assassiné par Tryphon, gouverneur de Ptolémaïs, 144.

Simon, autre fils de Mathatias, fortifie Joppé et prend la citadelle de Jérusalem. Son autorité, comme général et comme grand-prêtre, est déclarée héréditaire dans sa famille, 141 ; mais il est égorgé avec deux de ses fils par son gendre Ptolémée, gouverneur de Jéricho, 136. Le troisième, Jean Hyrcan, lui succède. Il est d'abord forcé de payer tribut à Antiochus Sidétès ; mais la mort de ce prince le délivre, 130, et il soumet les Samaritains et les Iduméens. A part les querelles intérieures des Sadducéens et des Pharisiens, le règne de Jean Hyrcan est une époque de bonheur pour les Juifs. Son fils Aristobule, 107-106, prend le titre de roi ; il signale son règne si court par ses cruautés envers les siens. Alexandre Jannée, 106-79, second fils de Jean Hyrcan, se fait battre par Ptolémée Latyre, roi de Chypre ; mais son alliance avec Cléopâtre lui permet de reprendre l'offensive, et il s'empare de Gaza, 97, et de quelques autres villes. Plusieurs révoltes des Pharisiens et une guerre contre les Arabes, attristent la fin de ce règne. Alexandra, veuve de Jannée, ne peut empêcher les Pharisiens d'user envers les Sadducéens des plus terribles représailles. Hyrcan II, son fils aîné, 76, reconnu par les Pharisiens, est battu à Jéricho par le second, Aristobule. Bientôt Hyrcan est forcé, par son général Antipater, de reprendre les armes ; Pompée se prononce en sa faveur, 65. Gabinius le protége contre Alexandre, fils d'Aristobule, qui s'est échappé de Rome. Plusieurs fois les Romains rendent à Hyrcan sa royauté, qu'il échange, en 55, pour le titre d'ethnarque ; mais ils pillent le temple. Ami de Pompée, Hyrcan se fit bien venir de César ; mais enfin Antigone, dernier fils d'Aristobule, le renversa, 40. Hérode, fils d'Antipater, le chef du parti romain, lui fut presque aussitôt substitué, et assura son pouvoir par le massacre des derniers Machabées.

TRENTE-SEPTIÈME LEÇON.

Des changements survenus dans les mœurs et les institutions des Grecs depuis la guerre du Péloponèse.

TRENTE-HUITIÈME LEÇON.

Notions sommaires sur l'Histoire des lettres, des sciences et des arts chez les Grecs.